Johnson's ®

Tu hijo,
del nacimiento a los 6 meses

GRUP
EDITORIAL

norma

Barcelona, Bogotá, Buenos Aires, Caracas, Guatemala,
Lima, México, Miami, Panamá, Quito, San José,
San Juan, Santiago de Chile, Santo Domingo

Johnson's
   Tu hijo : del nacimiento a los 6 meses / Johnson's ; traducción
Esperanza Meléndez. -- Editor Dorling Kindersley. -- Bogotá :
Editorial Norma, 2002.
   64 p. il. ; 23 cm. -- (El desarrollo del niño)
   Título original : Your baby from birth to 6 months.
   ISBN 958-04-6625-4
   1. Niños - Cuidado e higiene 2. Crianza de niños 3. Desarrollo
infantil 4. Padres e hijos 5. Estimulación temprana I. Meléndez,
Esperanza, tr. II. Kindersley, Dorling, ed. III. Tít. IV. Serie
649.1 cd 20 ed.
AHJ6131

                  CEP-Banco de la República-Biblioteca Luis-Angel Arango

Londres, Nueva York, Munich, Melbourne, Delhi

Texto de
Katy Holland

Editor del proyecto Jane Laing
Editores de arte del proyecto Christine Lacey, Glenda Fisher
Editor en jefe Julia North
Jefe de arte Tracey Ward
Control del producción Louise Daly
Fotógrafo Ruth Jenkinson
Director de arte Sally Smallwood

Primera edición publicada en Gran Bretaña en el año 2002
por Dorling Kindersley, Ltd.
80 Strand, London, WC2R 0RL

GRUPO
EDITORIAL
norma

Traducción Esperanza Meléndez

R03023 44403

Tabla de contenido

Un mensaje de Johnson & Johnson a los padres

Durante más de 100 años Johnson & Johnson se ha dedicado al cuidado de los niños. Nuestros productos para bebés ayudan a madres y padres a calmar y reconfortar a sus hijos y a fomentar un profundo vínculo de amor con ellos a través del cuidado diario.

Movidos por nuestro compromiso con los niños y las familias, Johnson & Johnson fundó el Instituto Pediátrico Johnson & Johnson, LLC. Esta organización única promueve el aprendizaje continuo y la investigación en pediatría, desarrollo del niño y embarazo, y fomenta programas e iniciativas dirigidos a los profesionales, los padres y los encargados del cuidado de los niños, quienes forjan el futuro de su salud en el mundo entero.

A través de la ciencia seguimos aprendiendo más sobre nuestros niños y su desarrollo físico, cognitivo y emocional. Los padres y quienes cuidan a los niños buscan consejo acerca de cómo utilizar estos conocimientos en la vida cotidiana para complementar sus instintos básicos de amar, abrazar y hablarles a sus bebés.

No existe una fórmula universal sobre cómo ser buenos padres. Con esta serie de Johnson & Johnson, *El desarrollo del niño,* esperamos, sin embargo, ofrecer a las familias de hoy los conocimientos, la orientación y la comprensión que han de ayudarles a sacar adelante el milagro que encierra cada niño.

Los primeros seis meses

Cuando alzas en brazos a tu bebé recién nacido, es imposible imaginarlo como un niño fuerte de seis meses. Pero no pasará mucho tiempo antes de que esté sentado en su silla, lanzando a lo alto cucharadas de papilla de frutas y relacionándose con la familia como si siempre hubiera estado allí. ¿Cómo puede tu bebé ganar tanto terreno en tan poco tiempo?

El desarrollo de tu bebé

Tu hijo se desarrolla naturalmente a un ritmo increíble, pero al mismo tiempo cada logro que hace, cada etapa que cumple está en estrecha relación con todo lo que tú haces para asegurarte de que él está feliz y seguro y se siente amado.

Lo más importante que debes recordar a medida que tu hijo crece es que los bebés se desarrollan a diferentes ritmos. Como todos los bebés, el tuyo sonreirá, levantará la cabeza, balbuceará y agarrará objetos en momentos específicos. Pero tu bebé también es único. No hará algo sólo porque un libro dice que lo hará o porque tú quieres que lo haga. El "momento correcto" será cuando él esté listo. Las tablas y los libros como éste sólo son una guía general sobre el desarrollo de

los bebés. No puedes acelerar el proceso, pero si le das a tu hijo toda tu atención y todo tu cariño, le estarás brindando exactamente lo que él necesita: los recursos para desarrollarse a su propio ritmo.

Todo lo que necesita es amor

Tu bebé no se desarrolla aislado del resto del mundo; sólo siendo parte de él puede aprender y progresar. Tu presencia, la de tu compañero, amigos y familiares es fundamental para su aprendizaje y desarrollo.

Un bebé no sólo aprende con el ejemplo; también necesita el reconocimiento, el amor y el estímulo de sus allegados para alcanzar su pleno potencial. Así, al hacer lo que te nace espontáneamente – abrazarlo, hablarle, acercarte a él cuando llora y jugar con él –, le estás transmitiendo un sentimiento de seguridad y confianza que le permitirá florecer.

También tú te desarrollas

A medida que tu bebé aprende cosas, tus habilidades como madre o como padre se irán adaptando a sus nuevas necesidades. Para cuando tu bebé cumpla cuatro meses, probablemente ya habrás establecido una rutina diaria para la comida, la siesta, el paseo al parque o la salida de compras, el baño y la hora de acostarse por la noche. Esta rutina les ayudará a ambos a sentirse seguros y cimentará las bases de la vida en familia.

El proceso de desarrollo

Rara vez el desarrollo es un proceso lineal: en ocasiones te parecerá que tu bebé ha dado un paso atrás. Por ejemplo, después de haber dormido toda la noche durante varias semanas, de pronto empieza a despertarse otra vez cada tres horas, sin una razón clara.

Estos retrocesos aparentes son normales. De hecho, suelen ser un signo de que tu bebé está a punto de dar un salto adelante en el desarrollo. Tal vez notarás que al cabo de una o dos semanas estará mucho más alerta y será más sensible a las personas y a los acontecimientos que ocurren a su alrededor, o que dormirá menos que antes durante el día.

El juego es aprendizaje

Cuando juegas con tu bebé, no sólo le estás brindando diversión sino que estás creando la estructura de sus experiencias de aprendizaje y le estás proporcionando enseñanzas invaluables sobre sí mismo, sobre ti y sobre el mundo.

Por ejemplo, cuando mueves la sonaja frente a tu bebé, le estás ayudando a fijar la mirada y le estás presentando el concepto de causa y efecto (pronto él comenzará a entender que el ruido se produce al agitarla); y cuando juegas con los dedos de tu bebé de dos meses a "Este dedito compró un huevito", le estás mostrando cuán maravilloso es predecir lo que va a suceder (en este caso particular, las cosquillas al final). El juego de esconder el osito de peluche le ayuda al niño de cinco meses a entender conceptos complejos, como el hecho de que los objetos existen aun cuando él no pueda verlos. Por supuesto, durante todo el tiempo que pasas jugando estos simples juegos con tu bebé, él está desarrollando su sentido del humor y te está mostrando cuán divertidas le parecen tus bromas.

Acerca de este libro

Durante estos seis emocionantes meses de cambio, tu apoyo, tu estímulo y tu amor son más importantes que cualquier otra cosa para ayudarle a tu hijo a florecer. Si entiendes cómo es su desarrollo, podrás sintonizarte con sus necesidades y ofrecerle lo que requiere.

Sección 1

La primera mitad de este libro te muestra cómo incide el desarrollo del niño en sus necesidades físicas y emocionales. Por ejemplo, ¿por qué tu bebé de cinco meses se despierta ahora por las noches si antes no lo hacía? ¿Qué tan importante es que aprenda a rodar de lado o a agarrar objetos a una edad determinada?

Sabiendo lo que puedes esperar de él, irás un paso adelante y podrás comprenderlo para darle la mejor y más adecuada respuesta posible. Al satisfacer sus necesidades no sólo le ayudarás a sentirse amado y valorado, sino que también aumentará tu confianza en ti como madre o como padre.

Sección 2

La segunda mitad de este libro contiene de información acerca de cómo y cuándo podría tu bebé alcanzar cada nueva etapa. Aunque la información está organizada por meses, es importante recordar que la escala de tiempo es flexible. Los bebés se desarrollan a ritmos diferentes, y el tuyo progresará a la velocidad que sea adecuada para él.

Sin embargo, las habilidades de los lactantes progresan en una secuencia predecible; es necesario que hayan alcanzado cierto nivel de crecimiento y desarrollo antes de que puedan adquirir una nueva habilidad. Por ejemplo, no pretendas que tu bebé se siente sin apoyo antes de que tenga la fortaleza suficiente para sostener la cabeza.

Cuando veas que tu bebé intenta hacer algo nuevo, puedes estimularlo. En esta sección encontrarás ideas de actividades que puedes realizar con él. Al darle la estimulación adecuada le ayudarás a construir su autoestima y su confianza en sí mismo, y así, a comenzar la vida de la mejor manera posible.

El nacimiento

Es difícil decir exactamente qué siente tu hija al abandonar su confortable vida en el útero y pasar a tus brazos, pero si tu embarazo fue normal y el parto no fue prematuro, estará bien preparada para sobrevivir en el mundo exterior.

Efectos del nacimiento en tu bebé

Al pasar del útero al mundo exterior, los cambios que ocurren en el funcionamiento de los órganos de tu hija le exigen nuevos esfuerzos a su cuerpo.

El más significativo de todos es que ahora tu pequeña comienza a respirar por sí misma. En el útero, sus pulmones estaban llenos de líquido amniótico, pero éste por lo general se expulsa durante el trabajo de parto debido a la compresión que se ejerce al pasar por el conducto vaginal. Así, tu bebé queda libre para tomar su primera bocanada de aire y, al hacerlo, la circulación sanguínea se adapta rápidamente y se produce suficiente oxígeno en su cuerpo para que pueda sobrevivir en el nuevo medio.

Los bebés que nacen por cesárea a veces necesitan ayuda para sacar el líquido de los pulmones por no haber sido "exprimidos" en el canal del parto. Los

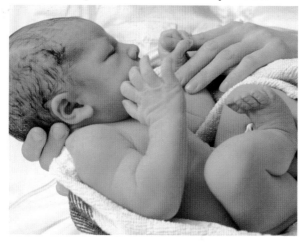

efectos de la anestesia también pueden causar dificultades respiratorias temporales y, si diste a luz bajo anestesia general, tu niña puede quedar tan somnolienta como tú unas horas después del nacimiento.

¿Qué siente tu bebé?

La sensación súbita de espacio y aire sobre la piel será un choque para los sentidos de tu hija, ya bastante estimulados por el nacimiento. De hecho, los recién nacidos suelen estar más alerta justo después del parto que en cualquier otro momento en sus primeros días de vida.

Si tú no estás demasiado fatigada por el trabajo de parto y tu nena está despierta, aprovecha este momento especial. Ella será muy sensible a tu voz y a tu calor. El vínculo afectivo entre las dos se establecerá más fácilmente si la acaricias, le hablas y la amamantas. Estos primeros momentos son una oportunidad maravillosa para que empiecen a conocerse; sin embargo, no te preocupes si no tienen la posibilidad de hacerlo: habrá tiempo de sobra en las siguientes semanas y meses.

El peso al nacer

Una de las primeras preguntas que hace la gente cuando nace un bebé (después de haber preguntado si es niña o niño) es "¿Cuánto pesó?" El peso al nacer es importante porque puede dar una indicación general de la vitalidad de un bebé, aunque los bebés saludables vienen en todas las formas y tamaños. Un bebé que pesa 3 kg puede ser tan vigoroso y sano como un bebé de 4 kg. Aunque no existen normas rigurosas en relación con el peso, un bebé de 2.5 kg debe observarse con cuidado pues pudo haberle faltado alimento en el útero o haber tenido otra complicación en el embarazo.

A tu bebé lo pesarán pocos minutos después de nacer. Muchos factores afectan el resultado: tu salud y peso al nacer tu hija, tu dieta durante el embarazo, cómo trabajó la placenta, la genética (los hijos de padres grandes suelen ser grandes), el sexo y la raza de tu niña.

Es probable que ella pierda peso en la semana siguiente al nacimiento, normalmente del cinco al ocho por ciento de su peso al nacer. Su cuerpo ha tenido que hacer un ajuste súbito para pasar de un medio oscuro, pacífico y húmedo a un mundo luminoso y ruidoso en el cual debe respirar aire y alimentarse por la boca pues ya no recibe el alimento automáticamente.

Es posible que a las dos o tres semanas de vida haya recuperado el peso inicial.

El test de Apgar

Tan pronto como nace tu bebé, una enfermera o un pediatra lo evalúa para verificar que esté bien de salud. Este test de Apgar – llamado así en honor a su creadora, Virginia Apgar – se hace un minuto y cinco minutos después del parto y ayuda a establecer si tu bebé necesita asistencia inmediata para adaptarse al nuevo medio. Mide los siguientes parámetros:
★ ritmo cardíaco
★ respiración
★ tono muscular
★ respuesta refleja
★ color
El test es sólo un indicador de la salud general del bebé al nacer, y no puede predecir qué tan saludable será a medida que crezca o qué personalidad va a tener.

Resultados del test de Apgar

A cada categoría se le asigna una puntuación de 0, 1 ó 2. Un 2 indica una buena respuesta. Por ejemplo, un ritmo cardíaco superior a 100 pulsaciones por minuto recibiría una puntuación de 2, lo mismo que una buena respiración, mucha actividad, un llanto fuerte y un color rosado. Estas puntuaciones se suman para obtener el total general de Apgar (el máximo posible es 10).

En la gran mayoría de los bebés la puntuación de Apgar es 7 o más; muy rara vez se obtiene un resultado perfecto de 10. Si las puntuaciones de Apgar de tu niña son muy bajas en varias de las áreas evaluadas (por ejemplo, si su respiración es irregular, su ritmo cardíaco bajo y si está pálida o débil), es probable que sea necesario ponerle oxígeno. Si después de la asistencia los puntajes siguen bajos, tendrá que recibir atención intensiva en una sala de cuidados especiales.

Tu recién nacido

Te sorprenderán muchas cosas de tu recién nacido. Por ejemplo, la mayoría de los bebés parecen manchados, arrugados y como "morados" al nacer. Esto es normal y su apariencia comienza a cambiar en pocos días, a medida que crecen y se desarrollan. Con seguridad, tú y tu compañero estarán completamente maravillados con este hijo y experimentarán muchas emociones nuevas.

La cabeza

La cabeza de tu hijo, a menos que haya nacido por cesárea, no será perfectamente redonda. Su cráneo está formado por huesos blandos, diseñados para ceder bajo la presión, de modo que el paso por el canal del parto sea más fácil. Esta maleabilidad puede hacer que

su cabeza parezca ligeramente deforme o puntiaguda después del nacimiento, sobre todo si el alumbramiento fue ayudado con fórceps o ventosa obstétrica, que no le causan daño alguno. A medida que tu hijo se desarrolle, la cabeza recuperará rápidamente una forma más regular.

Los espacios más blandos en el cráneo son las fontanelas. En estas áreas se puede sentir el latido del pulso. Si tu bebé nació muy rápido, es probable que tenga diminutos vasos sanguíneos visibles en la cara y que su cabeza se vea algo morada debido a la presión que debió soportar.

La cara

Tal vez la cara de tu bebé se vea algo "aplastada" y él tenga los ojos hinchados debido a la presión soportada durante el nacimiento. No te sorprendas si se ve arrugado... estuvo viviendo en condiciones bastante estrechas durante un tiempo. En pocas semanas, una vez que su cara se acomode al nuevo espacio, perderá ese aspecto fruncido de recién nacido.

La piel

Al nacer, tu bebé puede estar recubierto por una sustancia cremosa y grasosa llamada vernix. Se trata de una barrera protectora de su piel que evitaba que se anegara en líquido amniótico dentro del útero, pero

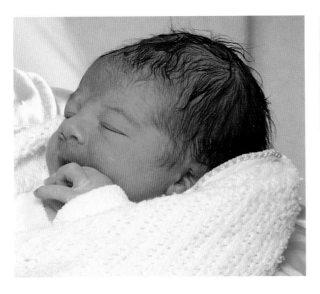

esta capa por lo general se le quita tan pronto como nace.

Al principio su piel puede estar algo morada, pero a medida que su respiración se regulariza y mejora la circulación, se va volviendo rosada. Si parece "floja" o arrugada es porque aún no se han creado de crear capas de grasa, pero esto cambiará gradualmente en pocas semanas.

En las primeras dos o tres semanas la piel del recién nacido suele ser seca o escamosa y con frecuencia presenta unas manchas blancas llamadas costra láctea, o milia: son glándulas sebáceas y desaparecen por sí solas.

El pelo

En el útero, tu bebé estaba cubierto por una fina capa de vello suave llamada lanugo. Algunos bebés, especialmente los prematuros, todavía tienen algo de este vello al nacer, que desaparece durante las primeras semanas.

También es normal que tu bebé nazca sin pelo o, por el contrario, con una abundante cabellera ondulada. Cualquiera que sea su color o su textura, este cabello se caerá poco a poco durante el primer año y será reemplazado por otro muy diferente.

¿Qué puede hacer tu bebé?

Tu hijo recién nacido tiene un número increíble de habilidades que le ayudarán a sobrevivir en el nuevo medio. Aunque el control voluntario del cuerpo y sus movimientos son limitados, tiene agudos poderes de percepción y está bien preparado para recibir toda la información que necesita.

★ **Se comunica mediante el llanto y con su comportamiento.** Es la única manera que tiene de decirte cómo se está sintiendo. Llorará para hacerte saber que tiene hambre, que está incómodo o que se siente solo. Pronto aprenderás a reconocer los diferentes significados de su llanto y a calmarlo.

★ **Puede ver.** Es probable que tu bebé abra los ojos casi inmediatamente después del nacimiento, así no los deje abiertos por mucho tiempo. Aunque en esta etapa su visión de larga distancia es borrosa, podrá enfocar objetos que estén a unos 20-25 cm y se sentirá particularmente atraído por aquéllos que tengan un fuerte contraste de luz y sombra (como tu cara) y que se muevan.

★ **Puede oír.** Tu hijo también estará alerta a los sonidos, sobre todo al de tu voz, que hasta ahora siempre ha escuchado amortiguado por el líquido amniótico. Aun en esta etapa, será sensible a las inflexiones y ritmos del lenguaje. Por supuesto, lo que más le interesará será un sonido totalmente nuevo: el de su propia voz.

★ **Puede oler.** El sentido del olfato está muy desarrollado en el momento del nacimiento. Una vez que tu hijo reconozca tu aroma particular, lo usará para localizarte girando la cabeza en dirección a donde tú estés.

Otras características del recién nacido

Entre otras "sorpresas" del recién nacido está el tamaño de sus genitales, que pueden parecer hinchados debido a las hormonas que tú le pasaste a través de la placenta antes del nacimiento. Esta hinchazón cesa en unos pocos días. El cabo del cordón umbilical también puede parecerte extraño. Rápidamente se torna negro, se seca y, al cabo de unas pocas semanas, se cae.

Primer control médico

Para confirmar que tu recién nacida esté en plena forma, en las horas siguientes al nacimiento un pediatra le hará un examen médico completo.

El pediatra comenzará por preguntarte cómo está comiendo y durmiendo tu hija, cada cuánto le cambias el pañal y cómo se comporta. También te preguntará cómo te sientes y si tienes alguna preocupación. Luego la pesará, la medirá y le hará los siguientes controles:

• Escuchará con un estetoscopio su corazón y sus pulmones.

• Examinará bien su boca para verificar que no tenga el paladar hendido.

• Examinará sus ojos.

• Palpará su vientre para verificar el tamaño y la posición de los órganos internos, como el hígado y los riñones; también verificará las pulsaciones en la ingle.

• Examinará sus genitales para comprobar que estén normales; si tu bebé es un niño, verificará que los testículos hayan bajado.

• Examinará su columna vertebral para asegurarse de que todas las vértebras estén bien ubicadas; la pondrá boca abajo y, al mismo tiempo, verificará que su ano esté abierto.

• Examinará sus extremidades para verificar la longitud, la alineación de los pies y la ausencia de deformaciones.

• Examinará la articulación de su cadera para asegurarse de que no haya dislocación y de que no "suene", lo que es un signo de inestabilidad.

Examen de los reflejos

El pediatra también probará algunos de los reflejos de tu bebé. Estas pruebas darán una buena indicación de su estado general de salud y del funcionamiento de su sistema nervioso central.

Los reflejos son respuestas instintivas que le ayudan a tu nena a sobrevivir durante las primeras semanas por fuera del útero. Desaparecen cuando desarrolla sus habilidades físicas y mentales y puede hacer movimientos más voluntarios. Un recién nacido tiene más de 70 reflejos, pero se explorarán sólo algunos de ellos. Si tu bebé fue prematura, no responderá de la misma manera que un bebé de término y esto se tendrá en cuenta en el control médico.

REFLEJO DE PRENSIÓN
Los dedos de esta nenita agarran con firmeza el dedo de la enfermera cuando ella le toca la palma de la mano. Su reflejo de prensión aún está intacto.

Reflejo de prensión

El pediatra verificará el reflejo de prensión colocando su dedo en la palma de la mano de tu bebé para ver si lo agarra. En muchos bebés, este reflejo es tan fuerte que es posible levantarlos de los dedos (sin embargo, no debes intentar hacerlo). También notarás que al tocarle la planta de los pies, tu hija dobla los dedos como si fuera a agarrar algo.

Por lo general, el reflejo de prensión desaparece alrededor de los cinco meses de vida, pero en los dedos de los pies puede durar hasta un año.

Reflejo de succión, búsqueda y deglución

Uno de los reflejos más básicos es el de succionar, que asegura que el bebé pueda alimentarse. Notarás que tu nena se chupa los dedos, chupa los tuyos y se vuelve automáticamente hacia un chupón o un pezón si rozan su mejilla. Éste es el reflejo de búsqueda. También es una acción refleja la deglución, necesaria para mantener despejadas las vías aéreas del bebé.

Reflejo de Moro

Se conoce como el reflejo de "sorpresa". El pediatra desviste a tu hija, la levanta sosteniéndole la cabeza por detrás con la mano, y deja que la cabeza caiga súbitamente un poco hacia atrás. La niña debe reaccionar levantando los brazos y las piernas con los dedos extendidos, como si tratara de alcanzar un objeto; luego, lentamente, bajará los brazos en dirección al cuerpo, con los dedos contraídos y las rodillas dobladas sobre el abdomen. La respuesta debe ser simultánea e igual en los dos lados del cuerpo. El reflejo de Moro desaparece hacia los dos meses de vida.

Reflejo de marcha

Sosteniendo a la niña por debajo de los hombros, en posición vertical, el pediatra hará que sus pies toquen una superficie firme para ver si mueve las piernas como queriendo "caminar". Este reflejo desaparece hacia el mes de vida y no tiene nada que ver con el

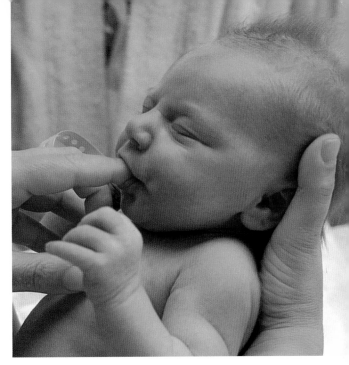

REFLEJO DE SUCCIÓN
Esta niña no tendrá problemas para succionar el pezón de su madre o un chupón: chupa automáticamente el dedo de la enfermera cuando ella se lo acerca.

aprendizaje de la marcha. Tu hija sólo podrá adquirir la habilidad de sostenerse de pie y caminar cuando sus músculos y articulaciones, así como su sentido del equilibrio, estén mucho más desarrollados, por lo general hacia los 12 meses de vida.

Reflejo de gateo

Estando boca abajo, tu hija adopta automáticamente una posición como de gateo, alza las nalgas y dobla las rodillas. Si patalea, podrá moverse de un modo parecido al gateo. Este comportamiento debe desaparecer cuando sea capaz de mantenerse acostada sin doblar las piernas (hacia los dos meses).

Bebés prematuros y gemelos

Aproximadamente uno de cada ocho bebés en América Latina es prematuro, es decir que nace antes de las 37 semanas de gestación. Si tu hijo es prematuro, aún no estará preparado para arreglárselas con facilidad fuera del útero, así que será llevado a la unidad de cuidados especiales, donde recibirá la ayuda que necesita.

Qué le sucede a tu bebé

Cuanto más se adelante el parto, más pequeño será tu hijo. Si fue muy prematuro, su piel será muy delgada y casi transparente; esto significa que a la temperatura normal de una habitación él sentirá frío. Por esta razón, será puesto de inmediato en una incubadora, donde la temperatura puede ajustarse para mantenerlo caliente. El llanto de tu niño puede ser muy débil, y tal

El vínculo afectivo con tu bebé prematuro

Aunque los cuidados especiales son fundamentales para la supervivencia de tu hijo, esta época puede ser muy difícil para ti. Además de preocuparte por su salud, te estarás privando de la experiencia de alzarlo, amamantarlo y abrazarlo justo después del nacimiento.

Las investigaciones han demostrado que cuanto más contacto tenga una madre con su hijo prematuro, mayores progresos hará el bebé; por lo tanto, estar con él y poder abrazarlo o arrullarlo, aun por períodos cortos, puede ser muy importante.

Quizás resulte difícil, pero no es imposible crear el vínculo afectivo con tu bebé en una incubadora.

★ Pide ver a tu hijo lo más pronto posible después del nacimiento, y trata de ser muy activa en su cuidado.

★ Pasa con él todo el tiempo que puedas en el hospital y, aunque no puedas alzarlo, tócalo a través de las ventanas de la incubadora.

★ Amamántalo si es posible, o pídeles a las enfermeras que te ayuden a extraerte la leche para alimentarlo; esto estimulará tu sistema de producción de leche para que después puedas darle de mamar.

★ Trata de no dejarte intimidar por tantas máquinas.

★ Asegúrate de comprender bien por qué tu hijo necesita un tratamiento especial. Así podrás reducir tu ansiedad.

★ Consigue todo el apoyo que puedas. Habla con las enfermeras y con tu médico. Pídeles información sobre grupos de apoyo para padres de bebés prematuros.

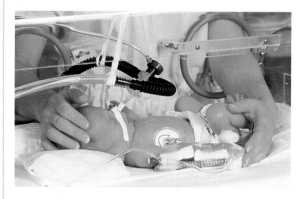

EL PODER DEL TACTO
Esta madre comienza a crear el vínculo afectivo con su bebé prematuro tocándole la cabeza y las piernas a través de las ventanas de la incubadora.

vez respire con dificultad porque su sistema respiratorio está inmaduro. Si nació antes de siete meses de gestación, estas dificultades respiratorias pueden afectar a los demás órganos del cuerpo. Para evitarlo, se le administrará oxígeno o se utilizará temporalmente un equipo especial para ayudarle a respirar.

Impacto en el desarrollo

El desarrollo de un bebé prematuro puede ser lento y variable, y no debe compararse con el de un bebé de término. Al evaluar su desarrollo, debes primero corregir su edad, calculando cuántos años tendría si hubiera nacido entre las 37 ó 42 semanas de gestación. Por ejemplo, si nació dos meses antes, sólo podrá conseguir los progresos de un bebé "normal" de tres meses cuando tenga tres meses más dos meses. En los controles de desarrollo el pediatra tendrá en cuenta esta edad "corregida". Tu pequeño sólo "alcanzará" a los bebés de término cuando tenga de nueve meses a un año de vida.

Embarazos múltiples

Debido a los avances en los tratamientos de fertilidad, cada día es mayor el número de gemelos o partos múltiples. En América Latina, aproximadamente uno de cada 90 ó 100 embarazos es de gemelos. Con frecuencia son prematuros y, por lo tanto, tienden a ser más pequeños y livianos que un recién nacido promedio y necesitan cuidados especiales durante las primeras semanas de vida.

Desarrollo de los gemelos

Algunas veces los gemelos no siguen el mismo patrón de desarrollo que otros bebés de su edad que han nacido sin compañero. Algunos gemelos parecen "distribuirse" el trabajo y, por ejemplo, uno de ellos desarrolla mejor las habilidades motrices, como el control de las manos, y el otro se destaca en sus habilidades sociales o de comunicación.

La relación contigo es la clave para su desarrollo, pero debido al tiempo que requiere su cuidado puede ser difícil darles estimulación suficiente a través del juego y el contacto físico. Trata de sacarlos a pasear con regularidad, igual que a cualquier bebé: exponerlos a nuevas personas, sonidos e imágenes es de por sí un estímulo.

Escoge una hora fija cada día para jugar con tus bebés, cuando puedas darle a cada uno toda tu atención. Busca un momento en que alguien pueda estar contigo, para así brindarles atención individual a tus gemelos.

Creación del vínculo afectivo

La creación del vínculo afectivo es una experiencia maravillosa mediante la cual tú y tu bebé aprenden a amarse mutuamente. Esta relación puede comenzar a formarse desde el instante mismo en que miras a tu hija, pero también puede tardar muchos meses en establecerse, y se fortalece a cada momento. El vínculo afectivo no sólo es reconfortante para ambas en lo emocional, sino que es tan crucial para el desarrollo a largo plazo de tu niña como lo son el alimento y el calor.

Cómo crear el vínculo afectivo

Si te fue bien en el parto y te entregaron a tu hija justo después del nacimiento, es probable que te responda de inmediato dirigiéndote la mirada y tal vez succionando tu pezón, y tú sentirás una oleada de amor. Tu nena identificará tu olor, escuchará el sonido de tu voz, te

mirará a los ojos y quizá saboree por primera vez tu leche. Todo esto la calmará y le ayudará a sentirse segura.

El tacto

Una de las mejores maneras de crear el vínculo afectivo con tu hija es mediante la cercanía física y el contacto piel a piel, que les da a ambas calor y seguridad y produce una sensación de bienestar. Esta cercanía también es importante para el desarrollo emocional y físico de tu niña. Las investigaciones han demostrado, por ejemplo, que los bebés prematuros se desarrollan muy bien gracias al contacto con la piel en el método de "mamá canguro", el cual consiste en mantenerlos todo el tiempo contra el pecho de la madre o del padre, no en una incubadora.

Reserva un tiempo para dedicarlo en calma a tu nenita, abrázala y disfruta esa sensación de cercanía. Báñala en agua tibia, sosteniéndola bien, y después dale masajes con un aceite especial.

La conversación

A tu hija le encantará que le hables. Aun recién nacida, responderá al sonido de tu voz volviendo la cabeza y moviendo los brazos y las piernas para expresar su alegría. No importa qué le digas, le gustará que le prestes atención. Mira a tu hija cuando le hables. El contacto visual es un modo de comunicación maravilloso y una gran ayuda para fortalecer el nivel de comprensión entre ustedes y sus habilidades sociales.

Sigue tu ritmo

La creación del vínculo afectivo es todo un proceso y pueden pasar semanas o incluso meses antes de que comiences a establecer una relación amorosa con tu hija, especialmente si tu trabajo de parto fue difícil o si tu bebé necesitó cuidados especiales. No te dejes influenciar por las ideas de la gente acerca de cómo deberías sentirte: avanza a tu ritmo y recuerda que, ya sea de manera gradual o instantánea, siempre lograrás con tus cuidados crear un lazo afectivo con tu bebé.

Busca apoyo

Se estima que hasta un 30 por ciento de las madres primerizas han tenido alguna dificultad para empezar a establecer el vínculo afectivo con sus bebés. Si te sientes así, busca el apoyo de alguien – tu compañero, tu madre o una amiga cercana – que también pueda acompañar y estimular a tu bebé. Así podrás relajarte.

La crianza es una labor agotadora, así que trata de reducir tus actividades en la casa y acepta la ayuda de tu familia y tus amigos. Intenta dormir mientras tu bebé duerme durante el día. Y recuerda estar atenta a

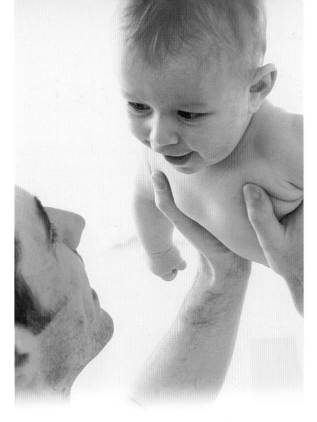

la depresión postparto, un período de tristeza y llanto que se presenta en muchas madres tres o cuatro días después del parto. Este sentimiento de impotencia y desasosiego, que por lo general desaparece a los pocos días, es producido por los cambios hormonales ocurridos y es perfectamente normal.

Depresión postparto

En algunos casos, las madres que tienen dificultad para crear el vínculo afectivo con sus bebés sienten la llamada depresión postparto, que se manifiesta en falta temporal de energía, irritabilidad y sentimiento de impotencia y desasosiego. Si sospechas que esto te está pasando, busca el apoyo de tu médico, de tu familia y de tus amigos. Es crucial para tu recuperación.

Una de las mejores maneras de superar la depresión postparto es pasar el mayor tiempo posible con tu bebé. El contacto físico estimula las hormonas del "sentimiento materno" y puede tener un efecto relajante.

El vínculo afectivo de los papás

Muchos papás primerizos expresan sentimientos profundos por sus bebés, mientras que otros necesitan cierto tiempo para adaptarse. Aunque los hombres no tienen las mismas hormonas que las mujeres, es cada vez más frecuente que los papás quieran tener un papel activo en el nacimiento y la crianza de sus hijos. Motiva a tu compañero para que se sienta feliz en su nuevo papel; cuanto más tiempo pase con el bebé, más fuerte será el vínculo que desarrollen.

Masajes

El masaje es una forma maravillosa de expresar tu amor por tu hijo. Te ayuda a establecer el vínculo afectivo con él y a calmarlo cuando está inquieto; promueve su desarrollo y le infunde un verdadero sentido de confianza.

Beneficios del masaje

El contacto físico sincero y amoroso hará que tu hijo se sienta seguro y valorado. Éstas son otras ventajas físicas y emocionales del masaje:

• Te ayudará a comunicarte con tu hijo, a entender su lenguaje corporal y sus señas. Esto puede ser especialmente útil si tardaste en establecer un vínculo afectivo fuerte con él, quizás por haber estado separados al comienzo.

• Puede aliviar el dolor, favorece la relajación, ayuda a la digestión y calma al bebé cuando está inquieto.

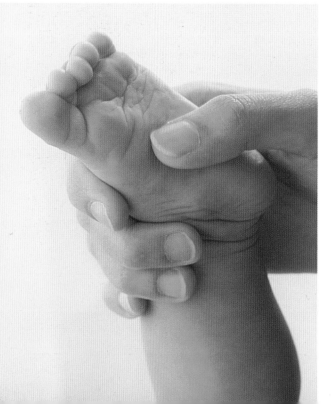

• Puede mejorar la circulación y fortalecer el sistema inmunológico. Ayuda a mover el líquido linfático por el cuerpo y esto elimina las sustancias nocivas.

• Tonifica los músculos de tu bebé y ayuda a que sus articulaciones sean más flexibles. Por esta razón, tiene un beneficio especial en los niños prematuros.

• Estimula las hormonas del crecimiento. Las investigaciones muestran que los bebés que reciben mucho contacto físico se desarrollan muy bien; al parecer, existe una conexión biológica entre el crecimiento de los bebés y el hecho de acariciarlos y darles masajes.

Cuándo darle masajes a tu bebé

Puedes comenzar a las dos semanas; notarás que el masaje te ayuda a conocer mejor a tu hijo y te da más confianza en su manejo. Elige un momento en que no esté somnoliento – puede ser entre comidas – y hazlo en una habitación abrigada, con las manos calientes.

Para comenzar

Escoge un aceite o una loción especial para bebés, que su piel absorba. A medida que le des el masaje, ponte siempre más aceite en las manos para que tus movimientos sean suaves y uniformes.

Desviste a tu hijo y pon debajo de su cuerpo una toalla para recoger el aceite que pueda derramarse. Si lo deseas, puedes comenzar el masaje en sólo una parte de su cuerpo, mientras vas ganando confianza. En las primeras semanas, a muchos bebés no les gusta que los desvistan. Si esto le pasa al tuyo, dale el masaje por partes, de modo que nunca esté completamente desnudo. Por ejemplo, déjale puesta la camisa y dale masaje sólo en las piernas, al cambiarle el pañal o al salir del baño. Después, cúbrele las piernas y aplica el masaje en la parte superior del cuerpo.

La técnica del masaje

Para comenzar, acuesta a tu hijo boca arriba y dale masaje por el frente, de la cabeza hacia abajo, suavemente, asegurándote de que sea simétrico en los dos lados del cuerpo. Observa sus reacciones. Detente si muestra signos de disgusto; por ejemplo, si deja de mirarte a los ojos.

Empieza suavemente, pero aumenta la presión si sientes que le gusta. Hazlo arrastrando los dedos, dos o tres veces en cada parte. Cuando estés masajeando superficies pequeñas, como los dedos de sus pies, usa sólo las puntas de tus dedos. En otras áreas, como en la espalda, tal vez te resulte más fácil usar ambas manos.

Cabeza

Dale masaje suavemente en la corona de la cabeza con movimientos circulares (evita las fontanelas), y ve bajando hacia las mejillas. Luego dale masaje en la frente, desde el centro hacia los lados, pasando por encima de las cejas y las orejas.

Cuello, hombros y brazos

Mueve las manos hacia abajo por los lados del cuello, y pasa luego a los hombros, con movimientos desde el cuello hacia fuera. Sigue bajando por los brazos de tu bebé, "apretándolos" ligeramente a medida que avanzas. Dale masaje en las muñecas, en las manos y en los dedos, presionando cada dedo entre tu pulgar y las yemas de tus dedos.

Pecho y vientre

Dale masaje en el pecho con movimientos descendentes, siguiendo la curva de sus costillas. Fricciona su vientre con movimientos circulares en el sentido de las manecillas del reloj, hacia afuera partiendo del ombligo.

Piernas, pies y dedos de los pies

Ve bajando por los muslos hacia las rodillas con movimientos descendentes, siguiendo por la espinilla y apretando suavemente la pierna a medida que avanzas. Fricciona los tobillos y los pies, desde el talón hasta los dedos, y termina con un masaje en cada dedo.

Espalda

Cuando hayas terminado el masaje por delante, pon a tu bebé boca abajo y comienza a hacerle lo mismo en la espalda, también de la cabeza hacia abajo.

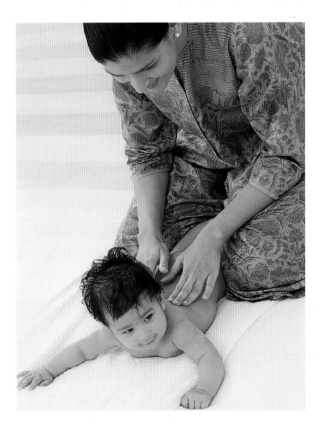

La personalidad de tu bebé

Aunque todos los bebés tienen muchas características y comportamientos en común, también hay inmensas diferencias entre ellos, que empiezan desde el momento mismo de la concepción. Tu hija es un individuo único desde el punto de vista genético, y ya ha tenido sus propias experiencias en el útero, durante el parto y en sus primeros meses de vida. Todo esto influye en la forma como se relaciona con el mundo y contigo, así como en la definición de su carácter.

La influencia de la genética

Desde el momento de la concepción, la apariencia física de tu bebé y muchas otras características quedan determinadas para toda la vida. Tu hija heredó de ti la mitad de sus genes (a través del óvulo) y heredó del padre (a través del espermatozoide) la otra mitad. Como cada óvulo y cada espermatozoide contienen una combinación diferente de genes, tu bebé tiene su propia y única apariencia, personalidad y talentos.

La composición de los genes de los bebés varía bastante, a menos que sean gemelos idénticos. Los genes determinan muchos de los rasgos físicos del bebé, como el color del cabello y de los ojos, el grupo sanguíneo, el sexo, la estatura y la forma del cuerpo.

También se cree que los genes determinan algunos rasgos del carácter – la timidez o la inteligencia, por ejemplo, pueden ser heredados. Sin embargo, aunque la composición genética puede constituir el potencial para que tu niña sea extrovertida o tímida, activa o calmada, la educación que reciba también ejerce una influencia poderosa sobre su personalidad.

Diferencias en el sexo

Los expertos en su mayoría coinciden en afirmar que las diferencias de sexo, así como los rasgos de personalidad, son atribuibles a una mezcla compleja de características heredadas (naturaleza) y comportamientos aprendidos (educación).

Las expectativas sociales tienen mucho que ver con el trato dado a los bebés. Por justo e imparcial que intente ser un padre, hay influencias sociales sutiles que tienden a guiar el comportamiento. En un estudio reciente se vistió con ropa de niña a varios bebés de sexo masculino y se demostró que otros padres que no conocían a esos bebés los trataban de un modo muy diferente dependiendo de las circunstancias. Cuando estaban vestidos de niño, recibían un trato mucho más rudo que el que se les daba a las niñas y se les ofrecían "juguetes de niño" (juguetes ruidosos, autos y trenes, por ejemplo). Vestidos de niña, recibían un trato mucho más delicado y se les ofrecían muñecas u ositos de peluche.

Diferencias en el desarrollo cerebral

Las influencias externas desempeñan un papel importante en el desarrollo de tu bebé. Sin embargo, las investigaciones sugieren que la estructura del cerebro es responsable de muchas diferencias de desarrollo entre los sexos. Por ejemplo, el lado derecho del cerebro, que controla las actividades físicas, está más desarrollado en los niños, mientras que el desarrollo más temprano del lado izquierdo del cerebro en las niñas puede significar que su motricidad fina y sus habilidades verbales se desarrollan antes que en los niños.

Si bien los factores biológicos pueden ser relevantes, nunca debes verlos como una limitación del potencial de tu bebé. Los bebés son individuos y su capacidad para aprender supera cualquier determinante biológico.

El temperamento del bebé

Varios factores contribuyen a formar el carácter del bebé: la genética, el sexo, el entorno social, el número de hermanos. Muchos de estos factores están fuera de tu control y, a estas alturas ya te habrás dado cuenta de que no puedes escoger la personalidad de tu hija.

En todo caso, la influencia más importante que recibe tu hija durante los primeros meses – y años – de su vida es su relación contigo. Tal vez no seas capaz de escoger qué "tipo" de hija tienes, pero la forma como te relacionas con ella y tus reacciones pueden influir considerablemente en el desarrollo de su carácter.

Cualquiera que sea su personalidad, siempre la favorecerán tu amor y tu cuidado. Si entiendes sus señas y eres dedicada con ella, llenando sus necesidades y respondiendo a su llanto cuando está pequeña, le ayudarás a desarrollar un sentimiento de autoestima que será de incalculable valor. Sentirse seguro no sólo es una ventaja importante en la vida; también es fundamental para el desarrollo.

Recuerda que la personalidad de tu bebé en esta etapa evoluciona sin parar. Trata de no encasillar a tu niña, porque esto podría condicionar tus reacciones con ella. Nadie es capaz de predecir qué tipo de persona será, pero sin duda tú disfrutarás descubriendo cómo se van formando los diferentes aspectos de su personalidad.

Aptitudes de comunicación

Tu hijo nace con una fuerte necesidad de comunicarse y rápidamente desarrolla diferentes maneras de "hablarte". Para expresar cada necesidad utiliza un llanto distinto y sabe usar de un modo eficaz el contacto visual y el lenguaje corporal. Antes de cumplir dos meses, sonríe y hace gorgoritos para expresar placer o para atraer tu atención. Ya está sentando las bases de la comunicación verbal.

El llanto

El llanto es la manera más efectiva que tiene tu hijo para comunicarse contigo en los primeros meses. Tal vez llore porque es el único modo en que puede hacerte saber qué necesita y qué siente; en cierto sentido, son sus primeras palabras. Incluso el primer llanto del niño al nacer le comunica al médico que sus pulmones lograron llenarse de aire y que puede respirar.

Para comenzar, tal vez pienses que tu hijo emite los mismos sonidos cada vez que llora, pero poco a poco aprenderás que, según la necesidad, el ruido es diferente. Aunque el llanto de cada niño es único, los estudios han demostrado que el llanto de hambre con frecuencia sigue un patrón similar de ruidos rítmicos y suele ir

El lenguaje corporal

Cuando tu bebé está despierto, siempre está manifestando sus sentimientos a quienes están con él, de muchas formas sutiles. El contacto visual es un excelente ejemplo de esto: fíjate cómo busca tus ojos para que te comuniques con él y cómo te mira atentamente mientras le hablas.

Otra forma importante de expresarse es el movimiento del cuerpo y de las piernas: tal vez se retuerza y dé patadas si está descontento o necesita atención, pero en otros momentos estos mismos movimientos pueden significar placer y emoción, quizás al escuchar el sonido de tu voz o para mostrar que un juguete le ha llamado la atención.

Si algo le disgusta o no le interesa, evitará mirarlo; si, por el contrario, desea alguna cosa, la señalará (hacia los seis meses), y sonreirá para mostrar placer o reconocimiento.

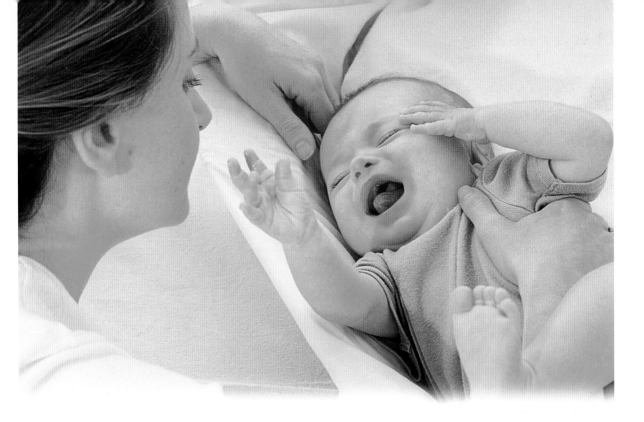

acompañado por movimientos de las piernas, por ejemplo. En cambio, el llanto de aburrimiento tiende a ser menos regular o coordinado y puede haber pausas más largas entre un lamento y otro, mientras llega la respuesta deseada. El llanto de dolor es mucho más intenso y es probable que te haga correr hacia tu bebé.

Cuando aprendas a comprender los diferentes tonos y ritmos del llanto de tu bebé, podrás atender rápidamente sus necesidades, dándole de comer cuando tiene hambre y tranquilizándolo cuando tiene algún dolor, por ejemplo. Esto, con el tiempo, disminuirá su necesidad de llorar para comunicarse.

Qué puedes hacer

Suele decirse que los bebés que no lloran mucho están bien educados; pero si un bebé llora no es porque sea difícil, sino porque desea hacerte saber que algo le está molestando. Lo mejor que puedes hacer es darle la atención que necesita. Las investigaciones han demostrado que, en general, los bebés que reciben pronta atención cuando lloran tienden a ser más

seguros y apegados a sus padres que aquéllos cuyos padres deciden "dejarlos llorar". También aprenden más pronto a emplear formas de comunicación más variadas sin acudir al llanto. Al responder rápidamente al llanto de tu hijo, le estás haciendo saber que ha logrado comunicarse contigo, que entiendes sus necesidades y que él puede confiar en ti. Mejor aún, deberías aprender a reconocer su lenguaje corporal, de modo que puedas, en lo posible, intervenir antes de que empiece a llorar.

Si lo mantienes cerca de ti, si le hablas y le prestas mucha atención, tu bebé se sentirá seguro y acompañado y sabrá que siempre estarás ahí cuando él te necesite.

Cuando ya es demasiado

Un bebé que llora todo el tiempo puede ser difícil de manejar, pero recuerda que tu bebé no llora delibe-radamente para darte problemas. Con la ayuda de tus familiares y amigos podrás tomarte un tiempo para recuperar la energía y consentirte un poco. Saca a pasear a tu hijo y visita a un amigo o amiga. Sobre todo, no te culpes, ni culpes a tu bebé. Es natural que llore, tan natural como que tú te angusties cuando sientes que no puedes consolarlo.

Aunque es normal que un bebé llore por períodos largos, o que a veces se niegue a calmarse, debes consultar al médico si te preocupa su salud o su bienestar.

Comunicación verbal

Desde muy temprano tu hijo comenzó a entender el poder del lenguaje, y empezó el aprendizaje del habla desde el día en que nació. Te encantarán sus primeros intentos de conversación, y puede ser muy divertido repetir con él sus chillidos. Estos intercambios juegan un papel importante: le enseñan los rudimentos del lenguaje y son vitales en el proceso de crear vínculos afectivos.

Aprendizaje del lenguaje

Desde el primer instante en que te mira, tu hijo observará atentamente tus gestos y escuchará los sonidos que haces cuando le hablas. Rápidamente aprenderá a imitarlos moviendo los labios o los músculos, como respondiendo a tus palabras. Escuchar e imitar son las dos principales maneras en que tu bebé capta el lenguaje, y él está perfectamente diseñado para hacer ambas cosas.

A los dos o tres meses de edad, sus habilidades se habrán desarrollado tanto que podrá emitir sus primeros sonidos, haciendo gorgoritos cuando le hablas o para llamar tu atención. Si le respondes imitando sus sonidos y entablando una "conversación", le estarás mostrando el poder de la comunicación verbal y le estarás diciendo que ha logrado expresarse muy bien.

A los cinco o seis meses, sus habilidades de imitación le permitirán balbucear "frases" enteras, y a los seis meses tal vez haya aprendido a usar las consonantes que forma juntando los labios. Tal vez con estos sonidos pueda formar "maa" y "paa", y usará el tono para indicar su estado de ánimo, gritando o emocionándose cuando está feliz.

Ayúdale a aprender a hablar

Cuanto más converses con tu hijo, más le ayudarás a usar palabras para expresarse. Hay muchas maneras de hacerlo (ya verás que la mayoría te salen espontáneamente). Intenta estas sugerencias:

- **Asegúrate de mantener el contacto visual con tu bebé cuando le hablas,** para que sepa que tus palabras van dirigidas a él. Estando frente a frente, podrá mirar cómo haces los sonidos con tu boca.
- **Inclúyelo en tus conversaciones e invítalo a participar en ellas.** Cuando le hables, dale tiempo para que "responda". Esto puede tomar unos cuantos segundos, o incluso más... ten paciencia.
- **Háblale con la mayor frecuencia posible.** Describe tus acciones a medida que las realizas. Dile, por ejemplo,

"Ahora te voy a poner en el cochecito", y así él podrá relacionar los objetos que le son familiares con las palabras.

• **Reduce al máximo el ruido de fondo.** Apaga la televisión o la radio para que puedan prestarse toda la atención necesaria el uno al otro.

• **Repítele las cosas cuantas veces puedas.** A los bebés les encanta la repetición y necesitan escuchar muchas veces una palabra antes de entender su significado.

• **Procura cantarle canciones infantiles o poemitas.** Esto lo familiarizará con los ritmos del lenguaje y al mismo tiempo lo divertirá.

• **Relájate.** Aprender a hablar es un resultado natural de la interacción diaria entre tú y tu bebé, así que no te preocupes demasiado por conseguirlo.

La importancia de la lectura

Hasta los tres meses

Leer con tu hijo es una forma excelente de relacionarte con él y además te permite familiarizarlo con el lenguaje de todos los días. Nunca es demasiado pronto para dedicarle este tiempo especial. Elige libros de materiales gruesos, con grandes ilustraciones y sin muchos detalles.

Durante las primeras ocho semanas, a medida que su capacidad de atención aumenta, se incrementará también su nivel de comprensión. Le encantará mirar fotos o dibujos de otros bebés, y las caras le llamarán la atención, en particular si tienen grandes ojos y sonrisas. Señala las imágenes y habla de ellas. Otros miembros de la familia pueden hacer lo mismo.

De tres a seis meses

Cuando tu hijo ya fija la mirada y comienza a entender y a hacer más sonidos, puedes mostrarle libros con más detalle. Le interesarán las formas sencillas, los colores y las imágenes de los objetos de la vida diaria, como animales o flores. Léele cuentos si te gusta; a él le encantará escuchar los tonos y ritmos de tu voz, cómodamente sentado sobre tus rodillas.

Busca libros blandos o con texturas, en los que al tacto las páginas se sientan diferentes. A tu bebé le encantará explorarlos. También puedes conseguirle un libro de plástico que pueda mirar mientras se está bañando.

La alimentación de tu bebé

Alimentar a tu hija te tomará mucho tiempo, pero puede ser una excelente manera de fomentar el vínculo afectivo entre las dos. La leche de tus senos le suministrará todo lo que requiere para su desarrollo saludable. Hacia los cuatro o seis meses probablemente pesará el doble que al nacer, y tendrás que darle alimentos más sólidos y nutritivos, que le proporcionen toda la energía que necesita para crecer.

Lactancia materna

Tu hija digiere y absorbe fácilmente la leche materna. Ésta, que se usa prácticamente toda, es mucho más fácil de absorber que la leche en polvo. Además, su composición se adapta constantemente a las necesidades siempre cambiantes del lactante: tu leche es muy diferente cuando tu nena está recién nacida que cuando tiene seis meses.

Tan pronto como nace tu bebé, la primera "leche" que producen tus senos es el calostro, una sustancia amarilla y cremosa con alto contenido de anticuerpos, vitaminas y proteínas. La verdadera leche baja a los tres o cuatro días. Cada vez que alimentas a tu bebé, ella sorberá de un trago esta primera leche, que le calma la sed, tiene alto contenido de lactosa (el azúcar de la leche) y es baja en grasa. Una vez que ha calmado la sed, la succión será más lenta y rítmica y hará bajar la segunda leche, que es rica en grasa. Una enzima especial permite que la grasa de la leche – esencial para un crecimiento saludable – sea absorbida por el sistema digestivo del lactante.

Beneficios para la salud

La leche materna supera a la leche en polvo en su contenido nutricional; entre otras cosas, contiene más de

100 ingredientes que no se encuentran en la leche de vaca y que no pueden producirse en una fábrica. Como tiene anticuerpos en abundancia, es benéfica para el sistema inmunológico de tu hija y le brinda protección contra toda una serie de enfermedades, incluyendo las infecciones estomacales, respiratorias y del oído. Se cree que también protege contra enfermedades alérgicas tales como el asma y el eccema, contra la diabetes de la infancia y contra algunas formas de cáncer.

El comienzo

Dar de mamar es una experiencia muy satisfactoria. Sin embargo, a algunas madres les resulta difícil comenzar. A veces tu hija se demora en aprender a agarrar el pezón; otras veces quiere estar comiendo todo el tiempo y te deja los pezones tan adoloridos que empiezas a preocuparte por no poder darle lo que necesita. O se te congestionan de leche los senos. Trata de descansar mucho, toma más líquidos que de costumbre y elige alimentos saludables. La mayoría de las madres superan estas dificultades iniciales y amamantan gustosas a sus hijos varios meses.

Si tienes alguna duda, consulta a tu médico. Èl podrá darte apoyo, motivación y consejo profesional.

Cómo se alimenta tu bebé

Si acaricias el labio inferior o la mejilla de tu hija con tu pezón o con un chupón, ella instintivamente abrirá la boca y buscará el pezón o el chupón para empezar a succionar. Esto se llama "búsqueda", y lo ha practicado desde que estaba en el útero y se chupaba las manos y los dedos. Sin embargo, lo anterior no significa que sea fácil empezar a alimentarla. Se necesitará tiempo para aprender, ya sea a amamantarla o a darle el biberón, y pasarán varios días o incluso algunas semanas antes de que ambas estén contentas con tus técnicas.

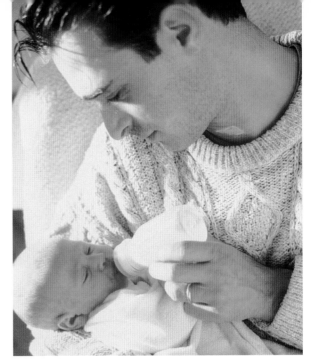

Extracción de la leche

Al extraerte la leche y almacenarla, sigues estimulando su producción y logras flexibilidad en tu tiempo. Esto permite que otra persona alimente algunas veces a tu hija, sencillamente porque esa persona quiere hacerlo o para que tú puedas descansar de vez en cuando. También garantiza que tu hija siga disfrutando los beneficios de la leche materna aunque tú regreses al trabajo.

El hecho de que estés lactando a tu hija no significa que tu compañero u otra persona no puedan alimentarla cuando sea necesario. Existen varios modelos de extractores que te permiten extraerte la leche y guardarla en un biberón. Después, puedes almacenarla en el refrigerador (si piensas usarla en las siguientes 24 horas) o en el congelador (si vas a usarla más tarde).

Alimentación con biberón

Si por alguna razón no puedes o decides no amamantar a tu bebé desde el principio o cuando regresas al trabajo, existen leches en polvo que satisfacen los requerimientos de tu bebé y que han sido producidas tras muchos años de investigación científica.

La mayoría se fabrican a partir de la leche de vaca, modificando su contenido de proteínas, carbohidratos y grasa, y agregando vitaminas y minerales que mantienen una relación adecuada con las proteínas que se encuentran en la leche materna. Algunas también contienen ácidos grasos de cadena larga, aunque no en su forma natural.

• La leche pura de vaca no se recomienda para los bebés menores de un año. Sus altos niveles de proteínas y sal no se digieren fácilmente y tiene bajo contenido de vitamina C y de hierro, necesarios para un crecimiento saludable. Sin embargo, puedes mezclarla con los primeros alimentos sólidos que le des a tu bebé, como la papilla de arroz, a partir de los seis meses.

• También existen fórmulas fabricadas a partir de la proteína de la planta de soja, modificada con vitaminas y minerales. Estas fórmulas se usan como una alternativa si tu bebé sufre de intolerancia a la proteína de la leche de vaca, algo que afecta al dos por ciento de los bebés.

Cuándo darle alimentos sólidos

La introducción de la comida sólida es un hecho importante en el desarrollo de tu hija. Físicamente, ella no puede digerir alimentos sólidos antes de los cuatro meses de edad. Su sistema digestivo es demasiado inmaduro para procesarlos y ella no tiene el control muscular necesario en las mandíbulas para mover los alimentos de adelante a atrás en la boca. Además, sus riñones tampoco están listos para procesar la comida.

Tu bebé es única y sólo estará lista para empezar a ingerir alimentos sólidos cuando sea su momento. De todas maneras, debes ofrecerle su primer alimento sólido entre los cuatro y los seis meses de edad. Algunos signos te indicarán cuándo está lista. Si tiene más de cuatro meses y parece tener más hambre de lo habitual, si se despierta con más frecuencia durante la noche o si se inquieta cuando hay comida cerca, tal vez esté queriendo decirte algo. A veces los bebés que están listos para el destete también dejan de ganar peso.

Comienzo gradual

Durante las dos primeras semanas, una o dos cucharaditas de papilla de frutas o una papilla de arroz especial para bebés, una vez al día, será suficiente. Por ahora, le estás presentando nuevos sabores y consistencias y acostumbrándola a tener algo un poco más sólido en la boca. Si tiene demasiada hambre, no querrá ni tendrá la paciencia suficiente para probar los sólidos. Por eso debes elegir un momento entre una y otra lactada. No la obligues a comer: la hora de la comida debe ser divertida, no un tormento.

Aumenta poco a poco la cantidad de alimentos sólidos hasta que se los des tres veces al día. Al mismo tiempo, ofrécele papillas o purés cada vez más espesos. Evita darle antes de los seis meses alimentos a base de trigo, leche (diferente de la leche materna o de la leche en polvo), nueces, huevos, frutas cítricas, alimentos grasos o condimentos, puesto que pueden caerle mal al estómago o desencadenar una alergia.

Aunque la introducción de los alimentos sólidos puede ser una experiencia agradable, también puede ser frustrante. Es la primera vez que tu niña prueba alimentos diferentes de la leche, está familiarizándose con sabores y texturas nuevas y tal vez necesite tiempo para acostumbrarse. Al principio se limitará a

Dentición y alimentación

Aunque en la mayoría de los bebés el primer diente aparece hacia los seis meses, a algunos les sale más temprano. La dentición puede volver irritable a tu hija y habrá dificultades en la alimentación. Pedirá de mamar todo el tiempo, pero soltará rápidamente el pezón o el biberón porque se siente incómoda. También es probable que no muestre interés por los alimentos sólidos.

Tendrá de nuevo apetito cuando el diente haya terminado de salir, pero si rechaza la comida (incluso la leche) durante más de un día, llama al médico para asegurarte de que no está enferma.

aprender a chupar de una cuchara y luego empezará a machacar la comida contra las encías. Será mucha más la comida que termine untada en su cara o regada por el piso que la que entre en su boca. Pero no te preocupes si come poco; por un tiempo, la leche seguirá siendo su principal fuente de nutrición.

La comida y los hábitos sociales

La comida es un hábito social, y cuando tu hija aprenda a sentarse podrá unirse a la familia en ese momento especial. Esto también le dará una oportunidad más de desarrollar su personalidad, a medida que descubre y expresa lo que le gusta y lo que no le gusta.

Tu hija es una excelente imitadora. Te mirará comer e intentará copiarte, llevándose a la boca una cuchara o una galleta. Aunque todo quede sucio, es importante dejarla experimentar, pues esta etapa representa un paso adelante en el camino hacia la independencia; también le ayuda a mejorar la coordinación ojo-mano.

Las investigaciones han demostrado que los buenos hábitos alimenticios empiezan desde muy temprano. Por eso, evita darle alimentos con mucha azúcar, pues podría desarrollar el gusto por el dulce y tener más adelante problemas dentales.

El sueño

El sueño es fundamental para el desarrollo de tu hijo. Su cerebro es increíblemente activo durante los primeros meses, crece y hace nuevas conexiones a un ritmo impresionante. Todo el tiempo está registrando nueva información acerca del mundo de tu hijo y, mientras él duerme, procesa y almacena esa información para referencia futura. El cuerpo de tu bebé también necesita descanso para fortalecerse y crecer.

¿Qué tanto sueño necesita tu bebé?

Tu hijo dormirá exactamente cuanto su cuerpo necesite; se "apagará" cuando su cuerpo requiera descansar o su cerebro haya recibido suficiente estimulación, y se despertará cuando haya dormido lo suficiente. Para comenzar, no hay nada que tú o él puedan hacer para controlar esto; él está fisiológicamente diseñado para dormirse y despertarse según lo necesario.

Es muy difícil predecir cuándo y por cuánto tiempo dormirá tu hijo. En promedio, un recién nacido duerme alrededor de 16 horas diarias. A medida que se desarrolla este tiempo disminuye gradualmente, de modo que a los seis meses tal vez duerma cerca de 14 horas al día y pase despierto períodos de tiempo mucho más largos.

Aunque los recién nacidos se quedan dormidos en cualquier momento del día o la noche según su necesidad de sueño, hacia los seis mesesde edad tu bebé hará esfuerzos por permanecer despierto si algo lo divierte o lo estimula.

¿Qué sucede mientras duerme?

Tal vez no lo parezca, pero tu hijo hace muchas cosas mientras duerme. Su cuerpo está almacenando las calorías que ha ganado a través de tu leche y convirtiéndolas en energía para crecer y para mantener la

temperatura. Todas las células de su cuerpo y de su cerebro se están multiplicando a gran velocidad y también está fabricando glóbulos blancos, esenciales para su sistema inmunológico. Además, gran parte del crecimiento tiene lugar durante estas horas, ya que el sueño estimula las hormonas de crecimiento. Su cerebro tampoco descansa mientras duerme.

El ciclo de sueño de tu hijo es mucho más corto que el tuyo: 47 minutos para un recién nacido equivalen a 90 minutos para un adulto. Durante este ciclo, también pasa más tiempo que los adultos (cerca del 50 por ciento) en la fase REM (movimiento ocular rápido, por sus siglas en inglés) de sueño más ligero. Durante esta fase, su cuerpo se contrae y sus párpados se mueven, lo que indica que está soñando. Es más probable que se despierte durante estos períodos. El resto del tiempo lo pasa en sueño no REM, un sueño mucho más calmado, en cuatro etapas, y del cual es más difícil despertar.

Desarrollo de un patrón de sueño

Hacia las cuatro o cinco semanas de vida, con tu ayuda, tu hijo comenzará a desarrollar un patrón en el que duerme más de noche que de día, y este patrón se establecerá más claramente en los meses siguientes. Por el momento, no puede diferenciar entre el día y la noche, y esto tienes que enseñárselo tú.

Puedes ayudarle a establecer su patrón día/noche poniéndolo a dormir de día en una habitación que no esté demasiado oscura y en donde él pueda escuchar los sonidos habituales del día, como el timbre del teléfono y la aspiradora. Luego, por la noche, ponlo a dormir en una habitación diferente, oscura y tranquila.

Cuando tenga dos meses, puedes comenzar a sentar las bases de una rutina de sueño. Acostúmbralo a dormir la siesta todos los días, hacia la mitad de la mañana y hacia la mitad de la tarde, y acuéstalo a la misma hora todas las noches. Esto le enseñará que la vida tiene un ritmo y le inculcará un sentimiento de seguridad en sí mismo y en su entorno. Hacia los seis meses, tal vez esté durmiendo diez horas consecutivas por la noche y cinco horas no consecutivas durante el día.

La hora de acostarse

A medida que tu hijo se hace más consciente de lo que sucede a su alrededor y va desarrollando la memoria, aprenderá a prever eventos y a familiarizarse con su rutina diaria. Es probable que en esta etapa responda muy bien a la rutina y disfrute con los preparativos para irse a dormir en la noche. Trata de seguir el mismo patrón más o menos a la misma hora todas las noches. Por ejemplo, puedes comenzar con un baño caliente, luego un abrazo y a continuación un juego tranquilo. Después le das de comer, lo pones en su cuna, somnoliento pero despierto, quizás acompañado por una canción de cuna.

Poner a tu hijo en la cuna aún despierto a la hora de acostarse significa que no dependerá de tu seno ni del biberón para dormirse. También significa que, si llega a despertarse en medio de la noche, sabrá dónde está y se sentirá lo suficientemente seguro para volverse a dormir sin molestarte, a menos que tenga hambre o algo lo incomode. Si es posible, involucra a tu compañero en esta rutina de la hora de acostarse. Tal vez él pueda bañar al niño o leerle un libro. Así fortalecerán su vínculo afectivo y la confianza mutua, de modo que tu bebé no cuente sólo contigo para sentirse bien y seguro.

Dormir juntos

La estrecha proximidad con tu hijo es importante durante los primeros meses, en particular porque tendrás que alimentarlo varias veces durante la noche. También descubrirás que quieres tenerlo contigo en la cama, especialmente si lo estás amamantando. Algunos estudios han demostrado que dormir junto a la madre es benéfico para el bebé: puede ayudar a regular su respiración y su temperatura corporal, por ejemplo, y también puede ser favorable para su desarrollo emocional. La sensación de tenerlo cerca puede ser maravillosa para ti y también puede disminuir tu ansiedad sobre su bienestar.

Si duermes con tu bebé o no es una decisión muy personal. Muchos padres lo hacen intuitivamente, pero esto no significa que tú debas hacerlo. Es importante que tú y tu bebé tengan períodos de sueño reparador. Si intentas dormir con él pero descubres que es incómodo para ti y tu compañero, tal vez la mejor opción para la familia sea ponerlo en la cuna.

¿Por qué se despierta?

Durante los seis primeros meses de vida, los patrones de sueño de tu hijo pueden cambiar. Por ejemplo, tal vez duerma durante cinco horas seguidas por unas semanas y luego comience a despertarse cada dos horas. El sueño durante los seis primeros meses está relacionado con sus necesidades de alimentación; cuando está pasando por un período de crecimiento, por ejemplo, necesita más leche. Es normal que los patrones de sueño sean erráticos, así que es importante establecer una rutina que ayude a superar estos momentos difíciles. Muchos bebés sólo comienzan a dormir por la noche sin despertarse a partir de los seis meses.

Las noches interrumpidas son duras para ti, pero hay varias razones para que tu hijo se despierte. En los primeros días, su estómago es muy pequeño y sólo puede recibir pequeñas cantidades de leche, que no bastan para que duerma toda la noche sin que el hambre lo despierte. Un dolor de estómago, el pañal sucio o un

Consejos importantes de seguridad

Muerte en la cuna

A todos los padres les preocupa la posibilidad de la muerte en la cuna, conocida técnicamente como Síndrome de la Muerte Súbita del Lactante (SMSL). Aunque las posibilidades de que esto le suceda a tu bebé son remotas, es prudente tomar ciertas precauciones simples que reducen el riesgo:

★ A la hora de dormir, acuéstalo sobre la espalda, con los pies hacia los pies de la cuna.

★ Usa mantas y sábanas livianas (nunca edredones, pues tu hijo podría sentir demasiado calor).

★ No uses protectores en los bordes de la cuna.

★ Nunca pongas en la cuna bolsas de agua caliente ni mantas eléctricas.

★ No le pongas almohada.

★ Usa un colchón firme y asegúrate de que no haya espacios entre el colchón y los lados de la cuna.

★ Nunca fumes cerca de tu hijo y mantenlo alejado de ambientes donde haya humo.

★ Asegúrate de que la temperatura en el cuarto de tu hijo sea adecuada (cerca de 18° C).

El calor excesivo es peligroso porque el cuerpo del bebé aún está inmaduro y no puede controlarlo con la sudoración. Se cree que ésta es una de las principales causas de la muerte en la cuna.

Al dormir con tu bebé

Cuando duermas junto a tu hijo, debes recordar varias cosas para asegurarte de que está seguro y cómodo.

Primero, fíjate que el espacio en la cama sea adecuado. Si no lo es, tu bebé podría sentir mucho calor o tú podrías, al moverte, quedar sobre él. Y nunca le pongas una almohada ni lo cubras con un edredón; usa mantas.

También es importante que tú y tu compañero estén atentos a las necesidades del bebé. Por lo tanto, deben evitar dormir en la cama con él si están muy cansados, si uno de ustedes está tomando un medicamento que causa somnolencia o si han ingerido bebidas alcohólicas.

diente en camino, por ejemplo, pueden causarle molestias que lo despiertan. La nariz tapada también puede producirle dificultades para dormir, ya que los bebés sólo aprenden a respirar por la boca a los dos o tres meses de edad. Sus patrones de sueño también pueden modificarse cuando ha alcanzado una nueva fase en el desarrollo. Por ejemplo, se cree que la estimulación mental derivada del hecho de aprender a sentarse o a gatear, alrededor de los cinco o seis meses de edad, puede bastar para trastornar el sueño de un bebé, aunque otras teorías afirman que esto, en realidad, puede hacerlo dormir por períodos más largos.

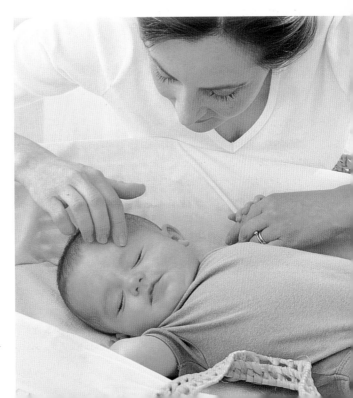

Controles y tablas

Es importante realizar periódicamente controles médicos del desarrollo de tu hija para asegurarte de que va bien, para discutir aspectos prácticos de la crianza y para consultar las dudas que tengas.

Controles de desarrollo

Durante los primeros años de la vida de tu hija será necesario realizar controles periódicos de su desarrollo. Los resultados (junto con el registro de las vacunas que se han aplicado) se anotan en su historia clínica. El momento en que se realizan los controles puede variar, pero, por lo general, el primero tiene lugar alrededor

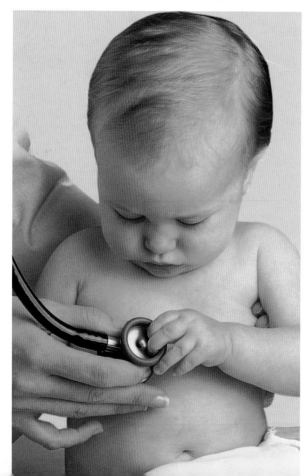

de la sexta u octava semana de vida y el segundo alrededor del sexto o noveno mes.

El control a las seis semanas

A las seis semanas se realiza un control para verificar principalmente la salud física de tu hija, los progresos de la alimentación y su desarrollo general.

Este control es bastante informal y no es igual para todos los bebés. Normalmente, se anotan el peso, el perímetro craneal y, algunas veces, la estatura. Se te pedirá que desvistas a tu niña para tomarle estas medidas y para revisarle de nuevo la cadera, puesto que a veces en el control del recién nacido no se nota la dislocación.

El médico escuchará después el corazón y los pulmones de tu bebé con un estetoscopio y le mirará los ojos con una fuente de luz especial llamada oftalmoscopio. También mirará sus oídos y su boca para verificar que no haya infecciones.

Asimismo, se examinarán los reflejos de tu pequeña; en esta época ya deben haber desaparecido muchos de los reflejos con que nació, como el de prensión. Se evaluará igualmente el crecimiento de su cabeza, un importante indicador del desarrollo. El desarrollo motor del bebé comienza en la cabeza y va bajando por el tronco, los brazos y las piernas (así, por extraño que parezca, el primer paso para aprender a caminar es que aprenda a sostener la cabeza).

¿Qué preguntas te harán?

Verás que durante el examen el médico no examinará formalmente a tu bebé sino que te hará preguntas como éstas:

- ¿Cómo está comiendo?
- ¿Tiene alguna inquietud sobre su audición?
- ¿La mira a la cara o sigue con la mirada objetos en movimiento?
- ¿Le sonríe?
- ¿Se sobresalta al escuchar ruidos fuertes?

También te preguntará cuán bien te has adaptado a ella, puesto que la clave para su desarrollo saludable está en su relación contigo y con su familia inmediata. Es probable que se programen las primeras vacunas de tu bebé, que deben aplicarse entre los dos y los cuatro meses de edad.

Tablas de crecimiento y estatura

El registro del peso y la estatura de tu bebé puede constituir una guía muy útil de su progreso y desarrollo general.

El aumento de peso varía mucho de un bebé a otro, pero en promedio suben de 100 g a 175 g por semana durante las primeras semanas (salvo en los primeros días después del parto, cuando su peso puede disminuir un poco). Más tarde, un bebé promedio aumenta entre 450 g y 900 g al mes, hasta los seis meses de edad. El aumento de peso suele ser más rápido en los primeros seis a nueve meses.

Si pesas a tu niña cada semana, tal vez notarás que algunas semanas aumenta de peso y otras no. Esto es normal. Lo importante es el aumento general durante un período de varias semanas, el cual se registra en una tabla de percentiles en la historia clínica de tu bebé. Algunos pediatras usan unas tablas diseñadas no sólo con base en el sexo del bebé sino también en su origen racial.

La tabla de percentiles

Todas las tablas de percentiles tienen una línea media que representa el promedio nacional. Por ejemplo, si 100 bebés fueron pesados a la misma edad, 50 pesarán más que el valor indicado por la línea, y 50 pesarán menos.

★ La mayoría de los bebés quedarán en algún punto de la zona sombreada de la tabla, aunque cerca del cuatro por ciento pueden quedar fuera de esos percentiles. Las tablas son diferentes para los niños y para las niñas porque los niños, en promedio, son más pesados y altos, y su patrón de crecimiento es ligeramente diferente.

★ Cualquiera que sea el peso de tu bebé al nacer, el crecimiento debe ser sostenido y ha de presentar una curva ascendente correspondiente. Si cae o sube demasiado por fuera de estos valores, puede indicar algún problema, por ejemplo una enfermedad o dificultades en la alimentación.

Cómo asegurar una buena salud

La salud de tu hijo está estrechamente relacionada con su bienestar emocional y su desarrollo general. Amándolo mucho y respondiendo a sus necesidades, aseguras que se convierta en un niño feliz y saludable. Las caricias frecuentes ayudan a todo, desde la regeneración de las células hasta la digestión. Si te aseguras de que no esté inquieto o incómodo, su cuerpo se mantendrá saludable.

El cuidado de la salud

Para cuidar la salud de tu hijo, intenta lo siguiente:

• **Amamántalo.** Éste es el mejor comienzo posible en su vida, ya que la leche materna contiene anticuerpos que lo protegen contra enfermedades graves en los primeros meses y fortalecen su sistema inmunológico.

• **No fumes a su alrededor.** Manteniéndolo alejado de ambientes contaminados reducirás el riesgo de que contraiga enfermedades respiratorias o alergias como el asma.

• **Evita destetarlo muy temprano.** Antes de los cuatro meses, el sistema digestivo de tu hijo aún no está lo suficientemente desarrollado para recibir otra cosa que leche materna o en polvo, especial para bebés. Destetarlo muy pronto puede ser nocivo para los riñones y tal vez lo haga más propenso a las alergias.

• **Llévalo al pediatra con regularidad** y hazle todos los controles de desarrollo.

• **Averigua con el médico cuándo debes vacunarlo.**

Vacunación

Cuando tu hijo tenga cerca de dos meses de edad debes llevarlo para que le pongan las primeras vacunas, que lo protegerán contra muchas enfermedades infecciosas graves.

Una vacuna contiene cantidades inocuas del virus que causa la enfermedad. La vacuna es muy débil para provocar la enfermedad, pero hace que el cuerpo de tu bebé produzca anticuerpos que lo protegerán para que no la desarrolle en el futuro.

Después de recibir la vacuna, es probable que tu hijo presente una fiebre muy leve y que se le forme una pequeña protuberancia en el sitio de la inyección. Esto durará unas pocas semanas y no es motivo de preocupación. Pero si desarrolla otros síntomas, si llora de manera poco usual o si su temperatura sube más allá de 38° C, debes llamar de inmediato al médico. Éstas son las vacunas que se le pondrán a tu hijo durante los primeros seis meses de su vida:

★ A los dos, tres y cuatro meses:
  Difteria
  Meningitis
  Tétanos
  Tos ferina
  Tuberculosis (BCG)
  Poliomielitis (oral)

★ En algún momento durante los primeros seis meses:
  Hepatitis B
  Meningitis C

Cómo aprenden
los bebés

Los primeros seis meses de la vida de tu hija serán una experiencia de aprendizaje increíble para ti y para ella. Pronto te convertirás en una experta mundial en tu bebé, y ella también aprenderá a conocerte muy bien. Durante este tiempo aprenderá muchas cosas sobre sí misma, sobre su entorno y sobre cómo relacionarse con las personas que la rodean.

Cómo desarrollan los bebés sus habilidades

Cada vez que alzas a tu hijo, juegas con él, le hablas o le cantas, lo abrazas, le sonríes o lo tranquilizas, le estás dando información sobre su mundo y sobre lo que es un ser humano. Sobre todo, le estás enseñando que es amado. Esta seguridad le da la confianza necesaria para explorar el mundo que lo rodea y así desarrollar nuevas destrezas, básicamente mirándote e imitándote.

A medida que pasan las semanas y los meses, tu hijo te cautivará con las múltiples destrezas que va aprendiendo. Empezará a tener dominio del cuerpo y sabrá que puede controlar el mundo que lo rodea (tomando juguetes o pateando su móvil para hacer que se mueva, por ejemplo). Te responderá con verdadera emoción, comunicará sus necesidades y deseos y sabrá exactamente cómo hacerte reír. Aprenderá a reconocer ritmos y tonos del lenguaje y le encantará practicar con los suyos. Estará fascinado con su nuevo mundo y participará activamente en todo lo que suceda a su alrededor. Y, lo mejor de todo, se volverá un experto en expresar el verdadero placer por la vida – sonriendo, haciendo gorgoritos, balbuceando – y sabrá cómo hacer que tú también sientas ese placer.

Cómo ayudarle a aprender

Ser el "maestro" de tu hijo no significa que tengas que estimularlo constantemente y llenar la casa de plásticos de colores. Durante estos primeros meses, "jugar" con tu hijo equivale a darle atención cuando él la desea. Según las investigaciones, esta actitud es natural en la mayoría de los padres. Sin embargo, aquí damos algunas indicaciones sobre cómo ayudar a tu bebé para que aproveche al máximo las diferentes etapas del desarrollo.

- **Estimula sus sentidos.** Antes de adquirir independencia de movimientos, tu bebé explora el mundo con sus cinco sentidos: vista, tacto, gusto, oído y olfato.
- **Míralo a los ojos.** Tu bebé necesita mucho contacto visual para aprender a comunicarse de manera efectiva y para sentirse seguro.
- **Hazlo participar.** Muéstrale las cosas, descríbeselas y háblale todo el tiempo. Así le ayudarás a comprender el lenguaje y estimularás su curiosidad.
- **Repite tus palabras.** Los bebés aprenden mediante la repetición; si repites tus palabras, le ayudarás a reconocerlas.
- **Sigue su ritmo.** No lo obligues a jugar si no tiene

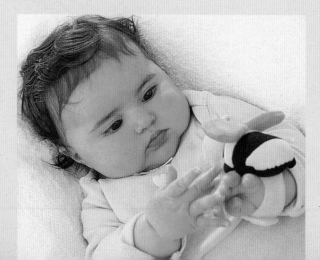

FASCINACIÓN CON LAS MANOS
Esta nenita de dos meses descubrió sus manos y pasa mucho tiempo mirándolas. Está fascinada con los ruidos que hace su pulsera de colores cuando mueve la mano.

ganas de hacerlo; aprende a reconocer sus señales.

- **Actúa para él.** Acompaña con gestos todo lo que digas o hagas.
- **Mantenlo entretenido.** Invéntale juegos nuevos, cántale nuevas canciones y ofrécele nuevas experiencias cuando puedas, para que no se aburra.
- **Responde a sus llamadas.** Si llora, tranquilízalo. Si ríe, ríe con él. Muéstrale que sabes cómo se está sintiendo.
- **Dile que es fantástico.** Igual que a los adultos, a los bebés les encanta que los motiven.

De 0 a 6 meses: etapas del desarrollo

Aquí presentamos una guía muy resumida de los progresos que irá alcanzando tu hijo. Recuerda que hay muchas variaciones en lo que es normal para cada mes.

El primer mes
- Reconoce tu voz y tu olor
- Tal vez intente levantar la cabeza cuando está boca abajo

El segundo mes
- Mueve la cabeza de un lado a otro
- Sonríe por primera vez
- Hace gorgoritos si tú los haces, imitándote
- Pierde algunos reflejos del recién nacido
- Hace movimientos más delicados

- Se emociona cuando sabe que tú estás cerca
- Puede ver cosas a mayor distancia
- Cuando le hablas, te imita y abre y cierra la boca

El tercer mes
- Se interesa más por las personas que lo rodean
- Comienza a descubrirse las manos
- Puede abrir y cerrar las manos y jugar con los dedos
- Sostiene la cabeza por unos segundos
- Estando boca abajo, puede levantarse levemente, apoyándose en los brazos
- Agarra un juguete entre las manos
- Golpea los juguetes
- Se estira para alcanzar objetos y los agarra
- Experimenta con los sonidos de las vocales
- Tal vez haga balbuceos

El cuarto mes
- Adquiere mejor dominio de la cabeza
- Usa las manos para explorar su cara y los objetos que despiertan su interés
- Puede hacer sonidos reconocibles
- Puede recordar algunas cosas; por ejemplo, que una sonaja hace un ruido

COORDINACIÓN OJO-MANO
Esta niña de seis meses disfruta echando abajo la torre de bloques que su madre construyó con cuidado.

El quinto mes
- Se lleva los pies a la boca
- Puede intentar soportar su peso sobre las piernas si lo sostienes en posición vertical
- Comienza a balancearse
- Vuelve la cabeza cuando ya no quiere más comida
- Alcanza los juguetes que quiere
- Se concentra por períodos cortos
- Se lleva todo a la boca
- Levanta los brazos para que lo alces
- Quiere participar en todo
- Le emociona la idea de comer

El sexto mes
- Sostiene firmemente la cabeza
- Agarra objetos
- Le gusta permanecer sentado con algún apoyo
- Comienza a expresar risitas
- Forma burbujas haciendo vibrar los labios
- Te llama por iniciativa propia, haciendo ruidos y golpeando objetos

Del nacimiento al primer mes

Tal vez te parezca que tu recién nacida no hace más que comer, dormir y llorar. En realidad, ha estado desarrollando nuevas destrezas desde su primer soplo de vida, con increíble velocidad. Hacia el final del primer mes estará mucho más alerta y será más sensible, habrá adquirido cierto dominio del cuerpo y coordinación, sabrá reconocerte cuando te vea o te oiga e incluso habrá comenzado a darte algunas respuestas.

Desarrollo físico

Durante las primeras semanas, tu hija seguirá estando un poco encogida, con las piernas flexionadas y las manos apretadas, pero en poco tiempo su cuerpo comenzará a estirarse y sus articulaciones empezarán a estar menos dobladas. Debes sostenerle muy bien la cabeza y no sacudirla.

Movimiento

Tu bebé ya ejercitaba los músculos antes de nacer... ahora tiene mucho más espacio para hacerlo. Cuando está alerta, lanza puños al aire y patalea, en especial como respuesta a los estímulos o cuando está inquieta o llorando. Estos movimientos son espasmódicos y desordenados, pero le ayudan a fortalecer los músculos, estimulan su sistema nervioso y preparan el terreno para que más adelante haga intentos más controlados.

Si acuestas a tu nena sobre el vientre o la sostienes en el aire boca abajo, es probable que intente levantar la cabeza. Haz esto muchas veces para que fortalezca los músculos del cuello, del pecho y de la espina dorsal.

Aprendizaje de destrezas

Tu bebé está aprendiendo todo el tiempo y lo hace principalmente a través de su relación contigo. Es increíblemente receptiva a cualquier tipo de contacto que tengas con ella: fíjate cómo se queda quieta y te atiende cuando escucha tu voz, o cómo mira fascinada tus labios cuando le hablas. Obsérvala con cuidado y verás que se mueve emocionada cuando sabe que tú estás cerca. Esta relación contigo le brinda gran placer y estimula su cerebro.

Sentidos

Los sentidos de tu bebé están magníficamente sincronizados para ayudarle a captar toda la información que necesita para sobrevivir y desarrollarse. Por ejemplo, puede reconocer tu olor único tan sólo unas horas después del nacimiento, y aprenderá rápidamente a asociar ese olor con el sonido de tu voz y con la sensación de bienestar que le produce estar en tus brazos.

Visión

Al nacer, tu bebé tan sólo puede ver los bordes de los objetos porque el centro de su campo visual todavía es borroso. Poco a poco, durante el primer mes, irá adquiriendo la habilidad de enfocar mejor, aunque la visión "binocular" no se desarrollará totalmente sino alrededor de los tres meses de edad.

Por ahora, tu bebé podrá enfocar bien a una distancia de 20 cm a 35 cm, la distancia perfecta para recorrer tu cara con su mirada cuando la estás alimentando o la

Dominio de la cabeza

Para poder controlar el cuerpo, tu bebé necesita aprender primero a sostener la cabeza sin apoyo.

Al principio, su cabeza se caerá fácilmente hacia los lados porque es muy pesada, pero ella podrá sostenerla por sí misma cuando, al cabo de pocas semanas, se hayan fortalecido los músculos de su cuello y de la parte superior de su espina dorsal.

Hasta que tu bebé adquiera el pleno dominio de la cabeza – lo logrará hacia los cuatro meses –, siempre deberás sostenérsela bien cuando la alces en tus brazos.

tienes en tus brazos. A esta distancia, ella podrá seguir los movimientos de tu cara.

Para tu hija es muy importante fijar la mirada en tu cara y en las caras de los miembros de tu familia. También es útil colgar un móvil encima de la cuna (ligeramente hacia un lado), de tal manera que las figuras del móvil queden aproximadamente a esta distancia de su cara.

Lenguaje

Ya desde esta etapa tu niña está todo el tiempo sintonizándose con los tonos y ritmos del lenguaje. Háblale cuanto puedas y trata de modular con exageración. En esta etapa de su desarrollo está bien que imites sus sonidos, pues le estás comenzando a enseñar las bases de la conversación. Muy pronto empezará a responderte haciendo ruiditos o moviendo la boca.

Desarrollo emocional y social

Tu recién nacida es un ramillete de emociones. Desde sus primeros momentos de vida es muy sensible a los sentimientos y estados de ánimo de las personas que la rodean. Por ejemplo, puede inquietarse si tú estás enfadada o preocupada, pero se verá calmada y contenta si tú estás relajada. Esta sensibilidad es una característica importante de los recién nacidos, y en etapas posteriores del desarrollo le ayudará a tener un comportamiento adecuado y a responder de manera apropiada a quienes la rodean. En otras palabras, su conciencia de los sentimientos y estados de ánimo de los demás es fundamental para que se desarrolle como un ser humano "social".

Actividades para desarrollar destrezas

En esta etapa, tu bebé tiene todos los juguetes que necesita en uno solo: ése eres tú. Tú eres lo más fascinante para ella y lo serás todavía por un tiempo. Tu cara es la cosa más maravillosa de todas.

Permítele disfrutarte haciendo expresiones diferentes, hablándole y cantándole. Haz que tu compañero y otros miembros de la familia también jueguen con ella y le hagan sonidos y gestos.

Imitadora

Si sacas la lengua frente a tu bebé cada 20 segundos cuando ella está mirándote a los ojos, verás que pronto ella sacará también su lengüita. Ten paciencia: puede tardar uno o dos minutos en responder.

Seguir objetos

El sonido y el movimiento atraen la atención de tu nenita y estimulan su cerebro. Para afinar sus destrezas visuales, mueve la cabeza lentamente de un lado a otro mientras ella te sigue con la mirada.

Luz y sombra

A tu bebé le llamarán la atención los objetos con fuertes contrastes de luz y sombra – como tu cara, una persiana o una imagen en blanco y negro –, pues no se requiere muy buena visión para identificarlos.

ES MI TURNO
Después de haber visto que el papá le saca la lengua varias veces, este bebé descubre, fascinado, que él también puede hacerlo.

★ Dibuja algunas figuras y rostros en blanco y negro y pégalos en la pared cerca de la cuna.

★ Pon a tu bebé al pie de una ventana donde pueda observar juegos de luz y sombra, por ejemplo los del movimiento de las hojas de los árboles.

★ Pon su cochecito debajo de un árbol y déjala disfrutar de los cambios de luz y sombra.

El tacto

Cuando estés bañando a tu hija, sostenla en tus brazos y haz que salpique el agua con los pies. Esto estimulará su sentido del tacto sin que se sienta insegura.

Es probable que al principio te resulte difícil descubrir cómo se siente tu hija, qué quiere o qué necesita, pero a medida que tu relación con ella se desarrolle, será más fácil interpretar sus reacciones, y el tiempo que pasan juntas será cada vez más satisfactorio emocionalmente para ambas.

Llanto

Por ahora, las necesidades físicas de tu bebé son su prioridad y así lo expresará. Llorará para decir que tiene hambre o que está cansada o incómoda; también llorará para expresar aburrimiento y pedir estímulo, o para decirte que se siente vulnerable y necesita un abrazo.

Responde a los llantos de tu bebé y dale todo el consuelo que necesita. La atención y el amor que le brindes en esta etapa le enseñarán a tener una respuesta positiva hacia ti y le ayudarán a convertirse en una niña segura.

Felicidad

Cuando tu bebé esté tranquila, mirándote a los ojos o mirando atentamente su entorno, podrás decir que está feliz o satisfecha. Al principio estos momentos serán cortos, porque ella pasará la mayor parte del tiempo alimentándose o durmiendo, pero serán fuente de gran alegría para ambas.

Los momentos tranquilos y felices son muy importantes para tu bebé por varias razones. Le permitirán

concederle una tregua a sus necesidades físicas y darle paso al cerebro. Esto significa que puede ejercer su curiosidad, practicar con la mirada y, lo principal, brindarte toda su atención. El solo hecho de estar contigo la hará sentirse segura y feliz. Los períodos en que tu bebé está tranquila pero alerta son momentos privilegiados para establecer un fuerte lazo entre las dos.

Saber que tu bebé está contenta puede proporcionarte una gran complacencia emocional, ya que indica que estás satisfaciendo sus necesidades. Esto mejorará tu confianza como padre o como madre y, al mismo tiempo, fortalecerá tu vínculo con tu bebé.

Cajón de juegos

Móviles

Para los recién nacidos es ideal un móvil con figuras en blanco y negro y contrastes fuertes. A tu bebé también le interesarán las formas sencillas y de muchos colores, así como los móviles musicales que dan vueltas; éstos le ayudarán a desarrollar la habilidad de "seguir" objetos.

Cuelga el móvil hacia un lado de su cuna, no directamente encima, porque los bebés pasan las primeras semanas de vida mirando hacia la derecha o hacia la izquierda. No te preocupes si al principio se demora en notar que el juguete está ahí.

Espejos

Pon dentro de la cuna un espejo especial para bebés. Esto le ayudará a fijar la vista y reforzará su respuesta innata a la cara humana.

Música

Ya sea Chopin o "Patito, patito", a tu bebé le encantará escuchar los ritmos, las melodías y las repeticiones.

Prueba su memoria haciéndole escuchar la misma música durante varios días. Luego, deja pasar uno o dos días y haz que la escuche de nuevo para ver si la reconoce. Sabrás si lo hace porque dará paladitas o se pondrá súbitamente atenta.

De 1 a 2 meses

Hacia el final del segundo mes de vida, tu hijo se habrá convertido en un niño con un vivo interés por lo que sucede a su alrededor, y ya tendrá más dominio sobre su cuerpo. A las seis semanas aproximadamente, también empezará a retribuir tu afecto con sonrisas espontáneas, y a través de ellas verás brillar su personalidad.

Desarrollo físico

Tu hijo crece rápidamente en tamaño y fortaleza. Sus músculos se fortifican, sus movimientos son más definidos y, hacia las ocho semanas, ya será mucho menos vulnerable de lo que era al nacer. Para esta época habrá perdido muchos de los reflejos del recién nacido.

Se estira

Ahora tu hijo comenzará a abandonar la posición fetal. Sus rodillas y sus caderas serán más fuertes y no estarán tan dobladas como antes. Los dedos de las manos, que el recién nacido aprieta con tanta fuerza, se extenderán poco a poco hasta que la mano quede abierta y lista para agarrar objetos.

Hacia el final de este mes, si le pones una sonaja en la palma de la mano, es probable que ya sea capaz de agarrarla automáticamente y de sostenerla por un rato.

Dominio de la cabeza

Acostado sobre el vientre, tu hijo hará más intentos por levantar la cabeza y tal vez lo consiga hasta en un ángulo de 45 grados, por un segundo o dos. Esta habilidad denota que los músculos del cuello se están fortaleciendo.

También volverá la cabeza cuando lo desee; por ejemplo, si una imagen nueva o un sonido repentino despierta su interés, o simplemente cuando escucha tu voz.

La primera sonrisa

Alrededor de la sexta semana tu hijo sonreirá por primera vez. Puedes decir que es una verdadera sonrisa porque sus ojos se iluminan al mismo tiempo y porque se acentúa cuando tú también le sonríes. Aunque en las primeras semanas había hecho ya varios intentos de sonreír, reconocerás cuál es la verdadera sonrisa porque tu bebé usará todo el rostro, especialmente los ojos.

Éste es un acontecimiento extraordinario en el desarrollo. Cuanto más te sonríe, más le responderás tú sonriéndole y hablándole. Al ver su carita feliz, tú estarás aún más motivada para relacionarte con él y esto es exactamente lo que él necesita para convertirse en un ser humano sociable.

Una vez que ha aprendido a sonreír, nada podrá detenerlo. Tal vez al principio le sonría a todo el que se le acerque, en especial si alguien lo está mirando y hablándole. Pero a las pocas semanas notarás que se vuelve más selectivo; aprenderá rápidamente a entender la diferencia entre los rostros familiares y los extraños y reservará las sonrisas más especiales para los rostros que más ama.

Más que cualquier otra cosa, ésta es una etapa extraordinaria en el desarrollo de tu hijo. Su sonrisa te dice que él está feliz; sonríele entonces y hazle saber que tú también lo estás.

LA SONRISA COMO RESPUESTA
La primera sonrisa de tu bebé será una respuesta directa a las sonrisas que tú o tu compañero le dirigen.

Movimiento

Las desordenadas y divertidas patadas de las primeras semanas serán ahora más tranquilas, como un pedaleo. Pasará más tiempo despierto y aprovechará para ejercitar las extremidades… también sus brazos se habrán fortalecido. Tal vez ahora se interese más por el móvil. Puedes intentar poner a tu bebé en el piso, bajo un gimnasio para bebés; así tendrá cosas que golpear. Al principio no acertará todas las veces, ya que, aunque ahora mueve los brazos con un propósito, todavía le falta desarrollar la coordinación y la habilidad para juzgar la distancia entre los objetos.

Aprendizaje de destrezas

Ahora tu hijo se interesará por su entorno. Será muy claro que te reconoce. Comenzará a expresar la emoción que siente al verte, moviendo todo el cuerpo con alegría, dando patadas y agitando brazos y piernas. Notarás que ahora vuelve la mirada hacia cualquier sonido o movimiento, y tal vez te siga con los ojos mientras caminas.

Sonidos y visión

Durante este mes, tu hijo practicará cómo fijar la mirada con los dos ojos en el mismo punto a la vez (visión binocular). Pronto podrá explorar los rostros más que antes, observando los detalles, como los ojos y la nariz, no sólo los rasgos generales y los contrastes. Ahora también podrá ver cosas que están más alejadas, aunque todavía preferirá

Actividades para desarrollar destrezas

Tú sigues siendo el juguete favorito de tu hijo. Háblale, mécelo, cántale, ponle música, arrúllalo con una canción de cuna y baila con él. Todas estas actividades serán placenteras para tu hijo y lo estimularán positivamente. Mientras lo bañas, cántale y, sosteniéndolo bien, salpica suavemente agua sobre los dedos de sus pies y sobre su vientre.

Estimulación sensorial

★ Siéntalo en una silla de automóvil o en una mecedora para que pueda tener una buena vista de lo que está sucediendo a su alrededor. Háblale desde diferentes lugares de la habitación y observa cómo él trata de ubicar el sonido. Juegos como éste le ayudan a coordinar la vista y el sonido.

★ Juega a "Este dedito compró un huevito" para ayudarle a relajar los dedos de las manos y de los pies. Ve abriendo sus deditos a medida que vas diciendo la rima. Esto también reforzará las ideas de tu bebé sobre la diversión y la interacción.

★ Repite la misma canción varias veces y observa cuánto se demora en aprender a predecir las cosquillas que le haces al final.

★ A tu bebé también le encantará que le hagas cosquillas en las manos y en los dedos con algún objeto de textura suave peludo.

1 *Recostando con cuidado a esta nenita contra su cuerpo, el papá empieza a jugar con los dedos del pie derecho "Este dedito compró un huevito". Ella aún no sabe qué esperar y parece algo escéptica.*

2 *Cuando el padre repite el juego, la nena ya sabe lo que va a pasar. Su cara sonriente expresa la alegría que siente al imaginar las cosquillas con que termina el juego.*

mirar las que están cerca de él.

Su comprensión del lenguaje es mayor y ya puede imitar tus movimientos cuando le hablas, abriendo y cerrando la boca. También adaptará su comportamiento al sonido de tu voz, calmándose cuando le hablas suavemente e inquietándose cuando escucha tonos duros o altos.

Memoria

Aunque en las primeras semanas tu bebé no tiene mucha memoria, su capacidad para recordar ya comienza a perfeccionarse. Para estimular su memoria, hazle experimentar con más de un sentido algunas cosas. Por ejemplo, es más probable que recuerde un juguete si lo ha tocado y también lo ha mirado, porque su memoria incluirá detalles sobre la textura y la forma, el contorno y el color.

Cajón de juegos

Gimnasio

Un gimnasio para bebés, de piso o para colgar en la cuna o en el cochecito, tiene muchos objetos interesantes que mantendrán bien entretenido a tu bebé. Escoge un gimnasio que tenga juguetes de colores y ruidosos. Le encantarán los que chillan, crujen o golpetean.

Un móvil contribuirá a su desarrollo visual y a tu bebé le encantará practicar con él sus habilidades de boxeador (ver pág. 45). Cambia de posición al niño con frecuencia para que pueda ver todos los objetos que cuelgan del móvil, y también cambia de vez en cuando estos objetos para evitar que se aburra.

Libros

Nunca es demasiado temprano para introducir a tu bebé en el mundo de la lectura. Escoge libros de materiales gruesos, diseñados para bebés, con imágenes claras de rostros, bebés o animales. Estos libros le ayudarán a familiarizarse con las caras y objetos de la vida diaria. Sostén el libro cerca de él, de modo que quede en la línea de su mirada, y pasa las páginas ocasionalmente. Mejor aún, siéntalo en tu regazo y háblale sobre las imágenes, señalando las cosas a medida que avanzas.

Sonajas

A tu bebé le encantará tener una sonaja en la mano y, aunque en esta etapa no es mucho lo que él mismo puede hacer con este juguete, le fascinará el sonido que produce cuando tú lo mueves.

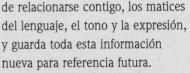

Desarrollo emocional y social

Lo maravilloso en esta etapa del desarrollo de tu hijo es que ya está aprendiendo a reconocerte y a responderte. La respuesta más encantadora es cuando, más o menos hacia la sexta semana, tu hijo muestra su primera sonrisa verdadera (ver pág. 45).

Todavía recurre al llanto, pero también está descubriendo otras maneras de llamar tu atención y de comunicarte sus sentimientos, usando todo el rostro y el cuerpo para obtener la respuesta que desea.

Aprende a ser sociable

Tu hijo mirará con más atención todos los rostros porque ahora su visión es menos borrosa, y empezará a imitar mejor los gestos. Ha tomado conciencia de lo que sucede a su alrededor; cada vez entiende más claves sobre la forma de relacionarse contigo, los matices del lenguaje, el tono y la expresión, y guarda toda esta información nueva para referencia futura.

En este momento le gustará cualquier tipo de interacción y le encantarán las muestras físicas de afecto: responderá calurosamente a los abrazos, al balanceo cuando lo meces y al contacto piel a piel.

De 2 a 3 meses

Ahora tu hija es más fuerte y controla mejor los movimientos; también empezará a hacer sonidos y a sonreír para comunicarse contigo. Hacia el final de este mes ya podrá sostener firmemente la cabeza y habrá descubierto una fuente de enorme placer: sus manos.

Desarrollo físico

A medida que tu hija adquiera mejor dominio del cuerpo, empezará a entender cómo puede usarlo para aprender más cosas sobre su mundo.

Se endereza

Los músculos de su cuello estarán ahora tan fuertes que, estando acostada de espaldas, puede levantar la cabeza y sostenerla por varios segundos. Si la tomas de las manos y la llevas a la posición sentada, es probable que su cabeza ya no se descuelgue sino que la levante mientras lo haces.

Si la sientas en una silla mecedora o en un corralito, podrá sostener firmemente la cabeza. Si la acuestas boca abajo, hará miniabdominales para intentar levantarse con los brazos y las manos, y volverá la cabeza para mirar lo que está pasando a su alrededor.

Tal vez no pueda mantenerse en estas posiciones por mucho tiempo, pero cada vez que lo hace está fortaleciendo los músculos. Esto le dará más oportunidades de entender su mundo y desarrollará aún más su curiosidad.

Manos felices

Sus manos han estado allí todo el tiempo, pero tu bebé apenas acaba de descubrirlas. A partir de ahora, serán una fuente permanente de fascinación, y tu niña pasará mucho tiempo calmada examinando atentamente sus dedos, observando cómo se relacionan los unos con los otros.

Al final de este mes podrá juntar las manos y jugar con los dedos; se los meterá en la boca y disfrutará chupándolos. Le encantará mirar cómo sus manos se entrelazan y se sueltan y juntará las palmas en un movimiento como de aplauso.

Aprendizaje de destrezas

A estas alturas, tu hija ya se dedica a pensar. Está fascinada con su cuerpo y comienza a comprender que puede hacer que se mueva cuando desee. Éste es un paso importante para la comprensión del concepto de causa y efecto. También está comenzando a conectar el ver con el hacer, el primer paso en el desarrollo de la coordinación ojo-mano.

Memoria

La memoria de tu bebé ya se ha desarrollado lo suficiente para que pueda recordar ciertas personas y acontecimientos. Cierto estudio demostró que los bebés de esta edad aprenden rápidamente a golpear con los pies un móvil colgado sobre su cuna para hacer que se mueva; si se retira el móvil y al cabo de una semana se coloca de nuevo, aún recuerdan qué hacer.

Lenguaje

Ahora tu hija comenzará a experimentar más con sonidos de vocales y su vocabulario irá desde breves chillidos de una sílaba hasta largos

Alcanzar y agarrar

Aunque tu niña todavía no podrá alcanzar las cosas por sí sola, si le pasas un juguete lo agarrará por un tiempo breve e incluso tratará de llevarlo a su línea de visión. Si está acostada debajo de su móvil o gimnasio, en esta etapa no dudará en golpear todos los juguetes que estén allí colgados, y quizás logre agarrar uno.

Observa cómo abre y cierra la mano como si fuera a agarrar el objeto que desea. Aunque todavía no tiene la coordinación suficiente para alcanzarlo, agarrará cualquier cosa que le parezca tentadora y esté a su alcance.

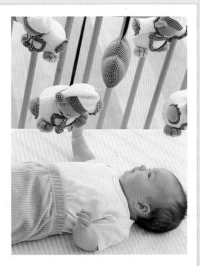

sonidos de vocales como "eh" y "oh". Está comenzando a descubrir los diferentes sonidos que salen combinando acciones de la garganta, la lengua y la boca.

Al principio estos gorgoritos te parecerán casuales, pero poco a poco notarás que van dirigidos a ti cuando le hablas a tu niña. Ella disfruta el hecho de socializar contigo, así como el sonido de su propia voz.

Visión

Tu nenita ya está fijando mucho más la mirada, aunque todavía le falta un trecho para mirar bien con ambos ojos. Ya puede ver más detalles en las figuras y en las caras, así como las diferencias entre los cambios fuertes y graduales de la iluminación. Por ejemplo, si tienes en su cuarto un interruptor de luz graduable, podrás llamar su atención cambiando la intensidad de la luz.

Desarrollo emocional y social

Tu bebé está aprendiendo que al ser amable obtiene recompensas, por la forma como tú le respondes con abrazos, amor y sonidos tranquilizadores. Ahora sonreirá aún más, pues sabe que tú le sonreirás también. También sabrá saludarte con emoción, moviendo las manos cuando ve que te acercas.

Te reconoce

Una de las consecuencias más importantes del desarrollo de la memoria es que tu hija empieza ahora a recordar muchos detalles de las personas que están más cerca de ella y puede reconocerlas como individuos. Esto comienza a influir en su relación contigo, con tu compañero, con sus hermanos y con cualquier persona con la que tenga mucho contacto. Por ejemplo, es seguro que, ahora que te conoce, responda de diferente manera a tu voz que a la voz de tu compañero: tal vez al verte o escucharte a ti se calma, mientras que al oír la voz de su padre puede sentirse, por ejemplo, emocionada.

Conversaciones alegres

En esta etapa ya es posible reconocer los diferentes sonidos que hace tu bebé, pues ahora se expresa con mayor destreza. Por ejemplo, muestra sus sentimientos de placer

Cajón de juegos

Pulseras

Ahora que ha descubierto sus manos, a tu bebé puede gustarle tener un juguete de pulsera o una pulsera de cascabeles, asegurados con Velcro alrededor de la muñeca. Empezará a aprender que, al mover el brazo, es ella quien produce el ruido.

Sonajas y móviles

Tu bebé puede ahora sostener una sonaja con más confianza y jalar los juguetes que cuelgan de su móvil.

Juguetes con sonido

Tu bebé se divertirá mucho con los juguetes con sonido. Si son demasiado duros tendrás que ayudarle, pero le encantará la sorpresa de escuchar los chillidos. Cuando haya aprendido cómo hacer que el juguete suene, obtendrá aún más placer y, de paso, seguirá aprendiendo sobre el concepto de causa y efecto.

intentando hacer gorgoritos para ti, gritando o riéndose. También aprenderá que si grita con fuerza, tú irás a verla de inmediato: otra lección de causa y efecto.

Aunque aún no puede repetir palabras, te está escuchando y almacenando todo lo que oye, para el futuro. Por eso, cuanto más le hables, mejor será para ella.

Actividades para desarrollar destrezas

Ya tu nena te responde y conversa contigo un poco más, así que ahora será más divertido para ti jugar con ella. Todavía necesita abrazos y palabras de estímulo, pero puedes ampliar tu repertorio con actividades un poco más audaces, como canciones y rimas acompañadas con movimientos de las manos y las piernas. Déjala de vez en cuando boca abajo. Lánzale una pelota para que se estire e intente atraparla; con este juego fortalece los músculos del cuello, los brazos y las piernas.

Tocar y patear
★ Dale a tu bebé juguetes u objetos de diferentes texturas, temperaturas y materiales: gamuza, seda, terciopelo, agua, piel. Ponla sobre una alfombra de juegos que tenga materiales de diferentes texturas cosidos o pegados con Velcro.

Juegos cantados
★ Pon a tu bebé sobre tus rodillas y hazla trotar suavemente al ritmo de "Arre, caballito".
★ Cántale haciendo salpicar el agua mientras la bañas, al contar los dedos al son de alguna rima, arrullándola a la hora de dormir… ella estará fascinada.

★ Sigue el ritmo de las canciones dándole palmaditas en el vientre o en las manos. Esto la divertirá aún más.

HUNDIDO EN LANA
Sentado en medio de esta cómoda alfombra, este bebé disfruta enormemente la suave y cálida sensación de la lana en sus piernas.

De 3 a 4 meses

En este mes, todo lo que tu hijo ha aprendido pasa a la acción. Su fuerza y habilidad han aumentado, y ha almacenado en la memoria cada nueva experiencia. También notarás que ahora responde mucho más a las personas que lo rodean, haciendo gorgoritos, sonriendo y riendo para expresarse y comunicarse con su persona favorita, que eres tú.

Desarrollo físico

Durante este mes tu hijo dará un salto adelante en el control de los movimientos. Acostado boca abajo, ahora podrá levantar fácilmente la cabeza y el tronco, sosteniéndose muy bien con los brazos y las manos y volviendo la cabeza hacia ti o hacia cualquier cosa que le interese. Podrá sostener brevemente la cabeza con firmeza.

Movimiento

Al adquirir control del cuello, comienza toda una nueva aventura para tu hijo. Ahora tiene más fuerza, más confianza y más habilidad para moverse y usar las manos, de modo que en los próximos meses se encontrará de repente, para su sorpresa y la tuya, con que ha dado la vuelta. No lo dejes solo sobre la cama o en el sitio donde le cambias la ropa, por ejemplo, ya que podría escoger precisamente ese momento para dar la vuelta por primera vez y se caería.

Esta etapa es importante porque tu bebé comienza a saber que tiene control sobre su cuerpo y se sientan las bases para que en los próximos meses aprenda a gatear.

Aprendizaje de destrezas

El cerebro de tu hijo está creciendo a gran velocidad y esto se refleja en su curiosidad cada vez más grande. Por estos días le gustará estar sentado con algún apoyo en una silla mecedora o en un corralito, y tal vez se queje si lo dejas por mucho tiempo acostado de espaldas. Ahora tiene el vivo deseo de conocer todo lo que lo rodea, especialmente rostros nuevos, juguetes y sonidos.

Sonidos y visión

Tu hijo hará cada vez más esfuerzos para producir sus propios sonidos, en respuesta a tus palabras o las de tu compañero.

Su visión también ha mejorado mucho desde aquellos primeros días nebulosos de recién nacido y ahora puede usar ambos ojos para mirar algo fijamente, ya sea que el objeto se encuentre cerca o al otro lado de la habitación. Esto significa que ya tiene más capacidad para juzgar la distancia que lo separa de las cosas que mira, de modo que su

Dominio de las manos

Tu hijo irá refinando el dominio de las manos. Por ahora, es capaz de agarrar una sonaja o un juguete si se lo entregas, aunque aún no podrá soltarlo.

★ Le encantará comprobar todo lo que pueden hacer sus manos. En este momento, la boca y las manos son sus herramientas para explorar el mundo. Usará las manos para buscar y explorar partes de su cara, como la nariz y la boca, y se aferrará a objetos nuevos e interesantes. También usará una mano simplemente para jugar con la otra.

★ Le sigue gustando golpear los juguetes que tiene al alcance y de vez en cuando logrará agarrar alguno. Si lo consigue, no sabrá muy bien qué hacer con el juguete, salvo llevárselo a la boca para explorarlo con la lengua y la boca.

★ Lo intrigará la sensación de sostener objetos de diferentes texturas, por ejemplo uno suave y blando y otro de plástico frío y duro.

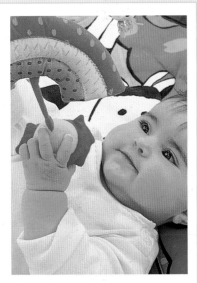

AGARRE FIRME
Este bebé ha logrado agarrar uno de los juguetes de su gimnasio y trata de llevárselo a la cara.

coordinación ojo-mano mejorará bastante.

Esta claridad de visión también significa que ahora puede fijar la mirada en algo tan pequeño como un botón, si está a unos cuantos centímetros del objeto. Notarás que, cuando el objeto desaparece, tu bebé sigue mirando el espacio donde lo vio por última vez.

Memoria sorprendente

En esta época tu hijo ya empieza a usar realmente la memoria y tal vez notarás que está aprendiendo a gran velocidad. Por ejemplo, la primera vez que hizo sonar una sonaja fue algo accidental, pero él guardó esa información sobre la textura, el color y el sonido del objeto cuando movió la mano, así como tu reacción por haberlo visto hacer algo inteligente. Después, cada vez que sostenga una sonaja, su actitud tendrá un propósito más definido.

Desarrollo emocional y social

Ahora tu hijo no sólo sonreirá cuando tú le sonrías, sino que incluso reirá sonoramente para mostrar su alegría cuando tú haces algo que él disfruta. Se está divirtiendo y, al mismo tiempo, está aprendiendo cómo hacerte reír y cómo obtener una respuesta cálida de tu parte. De hecho, le encantará hacerte reír – eso es para él retroalimentación positiva instantánea – porque así sabrá que estás feliz con él y que ha logrado acaparar tu atención.

Obtiene una respuesta

Tu hijo ha aprendido a esperar una respuesta cuando hace algo. Si sonríe, espera que tú sonrías a tu vez, y si quiere llamar tu atención intentará iniciar una conversación con gorgoritos o pequeños gritos. Esto imparte una dimensión totalmente nueva al placer de tu relación con él. Está aprendiendo a tomar la iniciativa, lo que es importante para afianzar la confianza en sí mismo y, si tú le sigues la corriente, aprenderás más sobre su naciente carácter y sentido de la diversión.

Cajón de juegos

Juego de pelota

A tu bebé le fascinarán los objetos que se mueven, sobre todo si puede controlarlos. Puedes ponerlo boca abajo y hacer rodar un balón de muchos colores frente a él, a la altura de su línea de visión, a unos 60 cm de su cuerpo.

Al principio mirará el balón atentamente mientras se mueve de un lado a otro, pero no demorará en prever esta acción y tratará de agarrarlo todas las veces.

Juguetes con textura

Ahora que ya puede agarrar las cosas, es conveniente darle a conocer muchas texturas diferentes. Es bueno que tenga muchos juguetes para explorar: juguetes duros de plástico, juguetes blandos, juguetes que cambian de forma, juguetes con superficies desiguales. Antes de comprarlos, asegúrate de que sean adecuados para la edad de tu bebé. Por esta época, con seguridad él también disfrutará aún más de su gimnasio y de su alfombra de juegos.

Títeres

Los títeres con caras divertidas que usas como un guante también pueden ser interesantes: a los bebés les gusta mirar

rostros, como te habrás dado cuenta.

Haz uno tú misma usando una media vieja; a tu bebé le gustará tanto como si lo hubieras comprado en un almacén. Si usas botones para hacer los ojos, asegúrate de que queden bien cosidos para evitar que tu hijo se atore en caso de que, como bien puede suceder, se lo lleve a la boca.

Para que adquiera confianza en sí mismo debes motivarlo, dándole siempre una respuesta y reconociendo todos sus esfuerzos para relacionarse contigo.

Se siente seguro

En esta edad, es probable que tu hijo sea muy sociable. Cautivará a todo el mundo con su sonrisa y, aunque te preferirá a ti sobre todos los demás, le encantará "hablar" con otros – otros bebés, personas extrañas, incluso su reflejo.

Es posible que ya hayas establecido una rutina para la siesta, los paseos en cochecito, las comidas, el baño y la hora de acostarse. Esto le ayudará a aprender que puede prever los acontecimientos del día y le enseñará que su vida sigue un plan; aumentará su seguridad emocional y su confianza y le ayudará a saber que tú estás cerca, aunque él no pueda verte.

Cuando tengas el día estructurado todo será más placentero también para ti. Verás que adquieres más confianza y sentirás que cumples bien tu nueva función de padre o de madre.

Actividades para desarrollar destrezas

A medida que tu bebé adquiere más control físico y más conciencia de los objetos y su entorno, aumenta también la variedad de juguetes y juegos que le gustan. Relacionarse contigo sigue siendo su pasatiempo favorito y disfrutará todavía más de los juegos con cantos, aplausos y trotes. Estos juegos ya serán familiares para él, una razón mayor de alegría y confianza.

Acciones repetitivas

Ahora que puede reconocer objetos familiares, a tu bebé le gustará jugar repetidas veces con un juguete que haga un determinado ruido si lo mueves de cierto modo.

Si le cantas rimas simples y repetitivas, reconocerá la melodía (aunque no entienda todavía la letra) y podrá predecir las acciones que la acompañan. Intenta cantarle "Allá en la fuente había un chorrito".

Títeres en los dedos

A tu bebé le encantarán las caras amables de los títeres para los dedos. Dales vida moviendo los dedos, quizás integrando el movimiento a una canción o a un cuento.

Haz que tu compañero alce a tu bebé y se ponga los títeres. Cuando el bebé se estira para alcanzarlos, está fortaleciendo los músculos.

1 *Este bebé no sabe muy bien qué hacer con estos títeres con cara de animal que salen de los dedos de su mamá, pero siente una gran curiosidad.*

2 *Unos minutos después, el bebé se siente más seguro y estira el brazo para tomar el títere y averiguar qué más esconde. ¿Qué se siente?*

De 4 a 5 meses

Tu hija ya estará haciendo movimientos controlados y quizá esté empezando a usar las extremidades para rodar de lado hasta ponerse de espaldas. Ya es más consciente de las situaciones nuevas, puede detectar cambios en el ambiente y en los estados de ánimo y expresa sus sentimientos. Sus nuevos niveles de coordinación y entendimiento le permiten responder con más entusiasmo a otros juegos y juguetes.

Desarrollo físico

Mejorar el control de los músculos y entender qué puede hacer el cuerpo le permite a tu hija ejecutar movimientos más deliberados; notarás que es cada vez más diestra cuando intenta alcanzar lo que quiere o cuando se acomoda en el piso para jugar, por ejemplo.

Se sostiene con firmeza

Ahora tu bebé ya puede sostenerse con firmeza cuando la pones en posición vertical y mantendrá la cabeza en la misma línea del cuerpo cuando la jales hacia adelante. Ésta es una etapa importante del desarrollo. Aún no puede sostenerse sentada sin apoyo, pero con seguridad será más feliz si la dejas en esta posición, porque así puede mirar lo que sucede a su alrededor y participar. Verás cuánto le gusta patear los bordes de la bañera o cualquier superficie que esté al alcance de sus pies.

Disfrutará cualquier actividad que le dé la oportunidad de empujar algo con las piernas y los pies, y esto le ayudará a fortalecer los músculos, que estarán listos para gatear.

Si la tomas de las manos, ella intentará mecerse hacia arriba y hacia abajo, aunque no podrá sostenerse por mucho tiempo de pie. No la sueltes, pues todavía no tiene la fuerza muscular ni la coordinación física necesarias para soportar su peso.

Aprendizaje de destrezas

Tu bebé maneja cada vez más otras formas no verbales de comunicación y usa el cuerpo para expresarse: te empujará para que te alejes si quiere hacer algo diferente, alcanzará algún objeto con el que quiera jugar o volverá la cabeza a un lado para hacerte saber que no quiere algo.

Te habla

La habilidad de tu bebé para comunicarse contigo mediante el lenguaje también va mejorando. Ahora puede cambiar a propósito el tono o la inflexión de sus sonidos para indicarte que está aburrida o descontenta o que está feliz y satisfecha.

Tal vez sea más ruidosa al hacerte saber lo que desea, con algunos balbuceos que significan "álzame" o "quiero jugar con eso".

Le hablas

Aunque todavía no entiende el significado de tus palabras, sí entenderá el tono que utilices. Tu bebé es muy sensible a los cambios en el tono de tu voz. Un tono firme la detendrá, pero también podría hacerla llorar. Si lo usas con frecuencia, podrías desmotivar su curiosidad natural y su proceso de aprendizaje. Para ayudarle a captar los significados, intensifica el contacto visual, porque a través de tus gestos tu bebé puede evaluar las situaciones y empezar a entender lo que estás

Habilidades de coordinación

Con las habilidades visuales que ahora tiene tu hija, puede juzgar qué tan lejos está un juguete y controlar su cuerpo para alcanzarlo con una o con las dos manos.

★ Podrá sostener con firmeza un juguete, agarrándolo bien con los dedos. Si se trata de una sonaja, tal vez ahora sepa qué puede hacer con ella (¡gracias al avance de su memoria!).

★ Su cuerpo sigue siendo un motivo de fascinación y le encantará agarrarse los pies y chuparse los dedos.

COORDINACIÓN OJO-MANO
Esta niña ya puede evaluar qué tan lejos está la pelota y alcanzarla.

diciendo. Si te aseguras de que te mire mientras le hablas, estarás sentando las bases que más tarde le ayudarán a formar palabras mediante la imitación. Reserva el uso del "no" para momentos de peligro.

Habilidades de concentración

Ahora tu bebé puede concentrarse y algunos juguetes, juegos y actividades la mantendrán interesada por períodos más largos.

No sólo sostendrá un juguete sino que lo examinará y lo manipulará, y se lo llevará a la boca para sentirlo y probarlo. La boca es su área más sensible, de modo que es natural que ponga allí las cosas para descubrirlas. Asegúrate de no dejar a su alcance objetos muy pequeños, pues podría atragantarse.

Desarrollo emocional y social

Por esta época, tu niña ya entiende que es parte de todo lo que sucede a su alrededor. Dale estímulo y exprésale tu reconocimiento cuando haga contribuciones, ya sea que balbucee o levante la mano para mostrarte un juguete. Las demás personas deben hacer lo mismo: cuanta más atención reciba de sus hermanos, de sus amigos y de tu compañero, mejor será para ella.

La cara de tu bebé es toda expresión y mostrará toda una serie de emociones: frustración cuando es incapaz de agarrar un objeto, desconsuelo cuando alguien se lleva su juguete favorito o su biberón, alegría cuando algo la divierte.

Actividades para desarrollar destrezas

Ahora que a tu bebé le gusta tanto relacionarse contigo y no sólo observar lo que estás haciendo, intentará llamarte para hacerte saber que quiere jugar. Deja los juguetes a su alcance y responde cuando te guíe hacia lo que quiere. Si ella sabe que tú entiendes lo que te está tratando de comunicar, contribuirás a que adquiera más su confianza.

Juegos con el cuerpo

Tu bebé ya tiene un tronco fuerte y domina por completo la cabeza, de modo que seguramente ya sabe cómo rodar de lado hasta ponerse de espaldas. Invéntale juegos en el piso que le permitan mostrarte su nueva habilidad y ayudarle a perfeccionarla.

Actividades con canciones

Hay muchas canciones que estimularán a tu bebé para que mueva las extremidades y mejore las destrezas motrices. Cántale canciones que puedas acompañar con acciones de las manos, como "Pin-Pon es un muñeco". Sostén sus manos y piernas mientras cantas para que ella pueda unirse a la acción.

Seguridad

Aunque probablemente estará feliz de tener siempre a alguien con quien divertirse, tú sigues siendo su persona favorita. Levantará los brazos para que la alces cuando te vea y tal vez se inquiete si te ve salir de la habitación. Se sentirá más segura cuando esté en tus brazos y reaccionará más rápidamente a tu voz.

Socialización

Tu bebé se interesa cada vez más por la interacción social, aunque no dejará de ser placentero para ella examinar sola los objetos y toda la actividad que la rodea. Ahora querrá participar en las conversaciones y te mirará atentamente cuando le muestres cómo usar un juguete o le expliques algún juego.

Esta interacción le hace sentir que es parte de la familia, contribuye a afianzar su seguridad emocional y le ayuda a desarrollar habilidades sociales. Estas habilidades, que son de suma importancia, se dividen en dos categorías: aprender cómo piensan y sienten los demás y aprender a interesarse por ellos.

Cambio rápido

En tan sólo unos segundos tu niña puede deshacerse en llanto después de estar feliz y tranquila. La diversión con un juego de cosquillas o de salpicar agua en el baño puede convertirse con rapidez en un río

2 Siguiendo el ritmo de la canción, el papá mueve las manos del niño hacia adentro y hacia fuera, como aplaudiendo.

1 Al cantarle a su hijo "Pin-Pon es un muñeco", este papá centra toda su atención en el contacto visual y en ayudarle al bebé a unirse a la acción.

de lágrimas, ya que existe una línea divisoria muy tenue entre el placer y el exceso de estimulación o emoción.

Tú puedes prever estos cambios – pueden sucederle cuando está muy cansada, por ejemplo – y reaccionar prontamente. Recuerda que tu bebé necesita momentos de calma y tal vez quiera estar sola un rato. Cuando reconoces que necesita un descanso, le ayudas a adquirir confianza y le das tiempo para calmarse.

Cajón de juegos

Sorpresa

A tu niña le encantarán los juegos con un elemento sorpresa: las cajas que al abrirse hacen saltar un muñeco o un juguete que produce algún ruido al tocarlo en cierto lugar. Estimúlala para que se exprese y utilice sus habilidades manuales y visuales, ayudándole a poner a funcionar los juguetes con mecanismos.

Sonidos

En ambas manos de tu nenita pon diferentes juguetes que produzcan algún sonido al presionarlos y que ella pueda apretar con una sola mano. Observa cómo intenta descubrir de qué mano viene el ruido.

Música y movimiento

Dale juguetes que ella pueda manipular fácilmente. En esta etapa se divertirá mucho con una pandereta o con una maraca transparente que tenga por dentro bolas de colores. Con ambos aprenderá que tiene poder sobre las cosas.

De 5 a 6 meses

Los seis meses marcan un momento decisivo en el desarrollo de tu hijo a medida que se familiariza con nuevos conceptos y adquiere toda una serie de habilidades físicas. Por esta época será perfectamente capaz de demostrar su amor por ti y su deseo de estar contigo; querrá tocar tu cara, agarrar tu pelo o levantar los brazos hacia ti para que lo alces, por ejemplo.

Desarrollo físico

Tu hijo se está desarrollando a pasos agigantados y cada semana hace nuevos progresos que aumentan el número de actividades que puede realizar.

Músculos fuertes

Aunque algunos bebés lo harán gradualmente, durante este mes o el siguiente tu bebé aprenderá a sentarse sin apoyo. Como ya tiene mejor dominio de las extremidades, ahora podrá rodar de lado hasta ponerse de espaldas.

Mejor visión

La visión y la coordinación ojo-mano de tu bebé han mejorado tanto que ya son casi tan buenas como las tuyas. Ahora, si se lo propone, puede alcanzar un objeto y llevárselo directamente a la boca. Las caras siguen siendo lo que más le gusta mirar y está empezando a reconocer mejor los gestos. Puede distinguir entre una cara feliz y una cara triste.

Aprendizaje de destrezas

A tu hijo le gusta experimentar con cualquier cosa que tenga en las manos: sentir las texturas (¡y sabores!) de los juguetes y descubrir por qué es más difícil agarrar un juguete grande que uno chiquito. Seguirá poniendo a prueba sus conocimientos de causa y efecto, viendo por qué al sacudirlos algunos

Manos felices

Las manos siguen siendo la mejor herramienta de tu hijo para explorar el mundo. Algunas funciones que hace tan sólo dos semanas estaban fuera de su alcance, como hacer girar la muñeca para inspeccionar un juguete, ahora forman parte de su repertorio físico. Ya puede recoger con un movimiento del puño pequeños objetos.

★ Comenzará a pasarse un objeto de una mano a la otra mientras decide qué quiere hacer con él. Si por casualidad lo deja caer, se agachará para recogerlo siempre y cuando lo tenga a la vista.

juguetes suenan y otros no, o golpeando una construcción para ver cómo los bloques caen por el piso.

Comprensión

Como ahora comprende mejor su entorno, se concentrará por más tiempo, bien sea observando el juguete que tiene en las manos o mirándote a ti.

Se concentrará en una sola cosa a la vez, quizás usando un solo sentido (escuchando música, mirándote, observando una ilustración en un libro o recogiendo un bloque con las manos), antes de distraerse y pasar a otra actividad.

Conversación

Como a tu bebé le encanta comunicarse contigo, hará diferentes sonidos con la boca.

Practicará el uso de la lengua y soplará con fuerza para mover los labios y producir diferentes sonidos. Si lo escuchas con atención, notarás que está intentando cambiar el tono de la voz para que tú te acerques, puesto que se ha dado cuenta de que las personas hacen diferentes ruidos para comunicarse.

Ya comienza a entender algo de lo que dices. Tal vez se vuelva para mirarte cuando te oye mencionar su nombre, y entenderá palabras de uso frecuente, como "mami" o "a dormir".

Desarrollo emocional y social

Por estos días, ya tendrás una buena idea de la personalidad de tu hijo y de sus características individuales.

Comportamientos sociales

Aunque tal vez todavía le guste que lo alcen personas extrañas, ahora tu hijo ya puede distinguir a quién conoce y a quién no y mostrará una marcada preferencia por los rostros familiares, sobre todo por el tuyo.

Disfrutará mucho las situaciones sociales, como ver jugar a otros niños, sentarse en su silla durante las comidas familiares y pasear por el parque. Estas actividades le ayudarán a relacionarse con otras personas y a sentirse cómodo en situaciones nuevas.

Déjalo participar en todo, anímalo cuando intente cosas nuevas y exprésale reconocimiento si tiene alguna iniciativa, ya sea emitir un sonido para ti o mostrarte un juguete levantando la mano. Haz que los demás respondan de la misma manera a sus descubrimientos. Sus hermanos, los amigos, tu compañero, todos ellos serán fuente permanente de fascinación, y cuanta más atención reciba de ellos, mejor será para él.

Emociones

Como ya ha madurado más emocionalmente, tu hijo empezará a mostrar más emociones en diferentes situaciones. Si está entusiasmado, agitará los brazos; si vio algo que le produjo alegría, emitirá sonidos de placer; si no está seguro de algo, permanecerá quieto observando con cautela; si no has entendido lo que quiere, es probable que llore.

Cambios de personalidad

Aunque la genética influye en la personalidad de tu hijo, a esta edad él ya ha desarrollado muchos rasgos propios y sabe qué le gusta y qué le disgusta. Sin embargo, no necesariamente conservará para toda la vida los rasgos que ahora observas en él. Es probable que hoy sea impaciente a la hora de comer o que se sienta frustrado cuando no puede alcanzar lo que quiere, pero esto no significa que luego siga siendo así.

Actividades para desarrollar destrezas

Por esta época tu hijo tal vez necesite muy poco apoyo para sostenerse sentado y a él le encantará explorar todo lo que tenga a su alrededor. Seguirá disfrutando las canciones y rimas acompañadas con movimientos de las manos y las piernas y, ahora que es más fuerte, podrás promover más juegos que involucren el cuerpo. Le fascinará que le hagas cosquillas y que le soples ruidosamente sobre el vientre.

Esconde el osito

Para ayudarle a entender el concepto de que algo puede estar ahí aunque no lo esté viendo, juega con él a esconder su osito de peluche bajo la manta. Cuando retires la manta, verás el interés y la sorpresa de tu bebé al notar que de pronto aparece algo que él había visto desaparecer.

SORPRESA
Este bebé expresa sorpresa e indignación cuando su madre sale de detrás de la cortina. ¡Siempre estuvo ahí!

Recuerda que a tu bebé aún le falta un camino largo por recorrer antes de poder entender, razonar o usar el lenguaje para expresar con claridad lo que piensa o siente.

Cajón de juegos

Alfombra de juegos

Aunque todavía no gatea, tu bebé ya ha empezado a moverse solo, rodando o usando los brazos.
Se divertirá mucho explorando las diferentes áreas de su alfombra de juegos, que está llena de colores y de sorpresas.

Juguetes para el cariño

Ahora empiezan a gustarle los juguetes blandos con caras. Enséñale a ser cariñoso con ellos.
Inventa juegos en los que tú abrazas al osito o a su muñeco favorito y dices "Aah". Así irá aprendiendo sobre la sociabilidad, el cariño y el buen trato. No demorará en comenzar también a "cuidar" a sus juguetes.

Alegría en la cuna

Cuando se despierte o antes de dormirse, a tu hijo le encantará distraerse con los juguetes que hayas colgado de la barandilla de su cuna. Éstos lo alegrarán por cortos períodos, pero no reemplazan su relación contigo, con tu compañero y con sus hermanos.

Es probable que por esta época tu bebé tenga un juguete o una manta favorita que le dé cierta sensación de seguridad.

Bloques de plástico

Tu bebé se maravillará ante su habilidad para oprimir botones y hacer que aparezcan caras o se produzcan ruidos, para echar abajo una torre de bloques de plástico o para golpear una muñeca que se endereza sola después de haberla volcado.

Con estos juegos aprende el dominio de la coordinación ojo-mano y refuerza el concepto de causa y efecto.

1 Esta nena observa con interés a su madre construir una torre con sus bloques de colores. ¿Qué pasará después?

2 La niña no resiste la tentación de golpear la torre con los puños y no estará satisfecha hasta verla completamente demolida.

Índice

Créditos

Fotografía de portada: Camille Tokerud/Getty Images
Diseño de portada: Nicola Powling
Modelos: Jo con Jade Salliger, Jason con Kasia Wall, Linda con Mackenzie Quick, Simon con Oban Murrell, Rachana con Arianna Shah, Penny con Anastasia Stephens, Thimmie con Emily Pickering, Andrea con Joel Peters, Rachel con Zoe Nayani, Rachel con baby Best, Isabelle con Carla Wicker-Jourdan, Alison con Phoebe Lee
Maquillaje y peinados: Tracy Townsend

Asesores

Warren Hyer MRCP es consultor de pediatría en los hospitales Northwick Park y St. Mark, en Harrow, y profesor honorario del Imperial College of Science, Technology and Medicine
Penny Tassoni es asesora pedagógica, autora e instructora. Dicta conferencias en varios programas de estudio sobre la infancia y ha escrito cinco libros, uno de los cuales es *Planning, Play and the Early Years*

Créditos de las imágenes

Investigador: Cheryl Dubyk-Yates
Bibliotecario: Hayley Smith

El editor agradece a las siguientes personas por su amable autorización para reproducir sus fotografías:
(abreviaciones: a=arriba, ab=abajo, d=derecha, i=izquierda, c=centro)

Sally & Richard Greenhill Photo Library: Sally Greenhill 42c;
Robert Harding Picture Library: Caroline Wood/Int'l Stock 16abi;
The Image Bank: Tosca Radigonda 27ad; **Mother & Baby Picture Library:** Moose Azim 8abi; **Pictor International:** 12abd, 35ai;
Science Photo Library: John Greim 9ad; Ruth Jenkinson 11ai;
Publiphoto Diffusion 14abi; Peter Yates 29abi; Hattie Young 10abi;
Corbis Stock Market: Norbert Schafer 15abd; Pete Saloutos 34abi;
Superstock Ltd: 25ad

Todas las demás imágenes © Dorling Kindersley.
Para más información, consulte www.dkimages.com